動画付き
改訂版

# 水球 water polo 必勝バイブル

## 実戦スキルから戦術まで

大本洋嗣 監修
塩田義法 著
中嶋崇光 著

## はじめに

日本の水球は、32年ぶりに自力で出場したリオデジャネイロのオリンピックから劇的な進化を遂げ、東京オリンピック・パリオリンピックと3大会連続の出場を決めている。その根底にあるのが海外で「ジャパンプレス」と呼ばれている日本独自のチーム戦術である。攻撃的で緻密なポジショニングとスピードを駆使して相手のボールを奪い、得点する新しい水球のスタイルだ。

世界の水球はスタンディングプレー主体のヨーロッパスタイルが主流で、体のサイズやパワーが重視されるコンタクトスポーツであるがゆえ、体格の小さい日本人は太刀打ちできず、長い間世界からは大きく水をあけられていたことは周知の通りである。

この事態を打開すべく、日本人の体格や運動能力にあった戦術として試行錯誤を繰り返しながら考案されたのがジャパ

ンプレス（＝パスラインディフェンス）なのだ。
パスラインディフェンスに求められるのが泳ぎのスピードやフットワーク、水中での身のこなしだ。外国人選手のパワーに対し、繊細かつ緻密なポジショニングでディフェンスし、速攻から一気にゴールを奪うスピーディーで痛快なスタイルは世界でも多くの観客を魅了している。強豪国と競うなかで、パスラインディフェンスは熟成を重ね、日本代表チームは、いまや世界でも一目置かれる存在となりつつある。
本書は、日本代表選手を擁するKingfisher74のメンバーをモデルとして起用。新しい水球スタイルを身につけるべく、土台となるフットワークやボールスキル、戦術に関する考え方をレクチャーしている。この本を手にとった未来のオリンピック選手たち、指導者の方々の一助となることを願ってやまない。

## この本の使い方

この本では、水球選手として活躍するためのテクニックやフットワーク、考え方、トレーニング等を解説している。これから水球をはじめようとしている人はもちろん、水球部やクラブチームのレギュラーを目指す新入生、すでに水球選手としてプレーしている選手でもスキルアップできる内容となっている。

ディフェンスするうえで必要なフットワークのポイントや注意点、シュートやパスなどのオフェンスを上達するためのフォームを解説しているので、読み進めることで着実にレベルアップすることができる。克服したいという苦手な項目があれば、そこだけをピックアップしてチェックすることも可能だ。

**タイトル**

このページでマスターするコツとテクニック名前が一目でわかる。水球選手として必要なテクニック、考え方を理解しよう。

PART 2
動画をチェック
Water polo
コツ04
立ち泳ぎとスカーリング
足と手を使って大きな浮力を得る
正しい立ち泳ぎのフォームをチェックする
水球をプレーするために、スイムと同じように重要なテクニックとなる立ち泳ぎは、動作前の「構え」ともいえる。まずは正しい立ち泳ぎのフォームを確認するために、両手でスカーリングしながら巻き足と踏み足、蹴り足を行う。
水中の足の動きをイメージして、でき
MIKASA
24

**動画をCHECK!**

二次元コードつきのテクニックは、二次元コードをスマートフォンやタブレットなどの端末で、読みとることでコツと関連する動画を視聴できる。

**解説**

タイトルと連動して水球選手としてレベルアップするためのセオリーや考え方を解説。じっくり読んで頭で理解しよう。

※二次元コードについては、お手持ちのスマートフォンやタブレット端末バーコードリーダー機能、
または二次元コード読み取りアプリ等をご活用ください。
※機種ごとの操作方法や設定等に関するご質問には対応しかねます。その他、サーバー側のメンテナンスや更新等によって、当該ウェブサイトにアクセスできなくなる可能性もあります。ご了承ください。
※ YouTube の視聴には、別途通信料等がかかります。また、圏外でつながらないケースもあります。あわせてご了承ください。
※本動画の権利は株式会社ギグに属します。再配布や販売、営利目的での利用はお断りします。

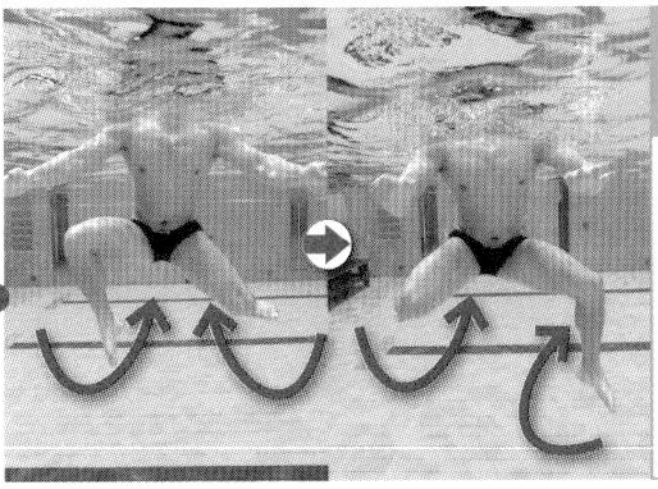

**POINT 1 股関節を柔らかく使って膝を高い位置にキープ**

相手の圧力があっても沈まない安定感を身につける。股関節を柔らかく使い膝を水面近くでキープする。カカトを引き上げて親指が下を向くまで一気に蹴り下ろす。膝は伸ばしきらない。リズムよく同じキックを続けると姿勢が安定する。

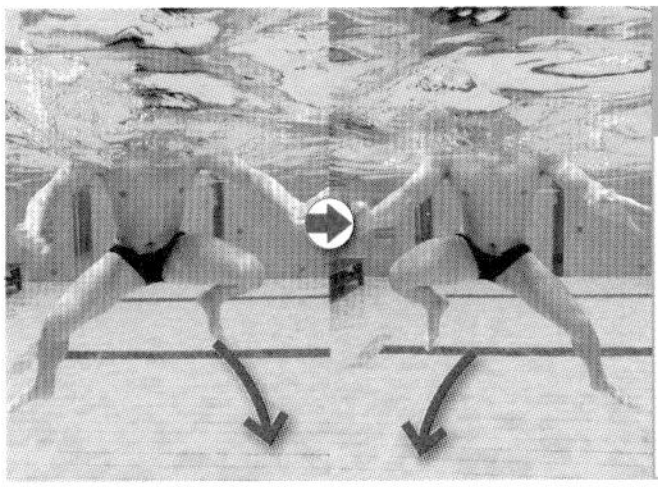

**POINT 2 片方の足裏で水を踏むようにキック**

踏み足は、巻き足ほど使用頻度はないが、水中での姿勢維持には欠かせないテクニック。まさに水を踏むようにキックする。平泳ぎの足形を片方ずつ行い、足裏で交互に水を踏むイメージ。ゲーム中の相手との位置関係や状況を考えて、巻き足と踏み足を使い分ける。



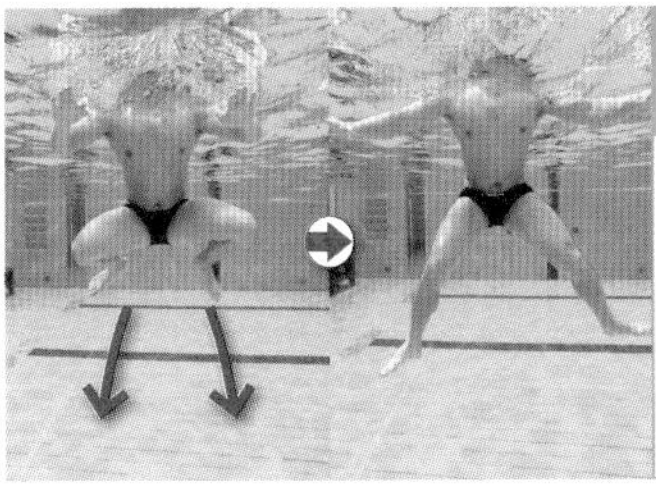

**POINT 3 足を蹴り込んで進行方向に進む**

蹴り足は瞬発力を生み出すために、水面近くに膝を引き上げる。腰を浮かして平泳ぎの足形をつくり、一気に蹴り込み、進行方向に進む。蹴った後は、次の動作に備えすばやく足を引きつけるか、キックを刻みスイムに入る。

**+1 プラスワンアドバイス**

**手のひら45度にして回し水面に渦をつくる**

スカーリングは移動や浮力を得るための大切な技術。水中でヒジを 90 度ぐらいに曲げ、手のひらを水面に対して斜め、45 度で構える。そこから両手を巻き込むように横8の字を描くように動かす。正しいスカーリングができれば水面の肘辺りに渦ができる。慣れてきたら片手でも行う。

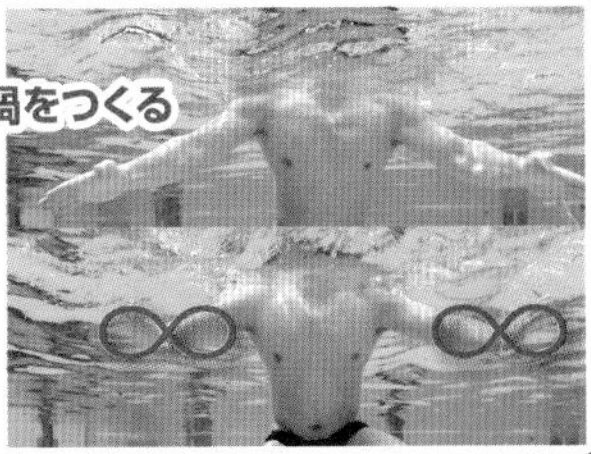

25

**POINT**

「コツ」の理解度をアップするための大きなポイントを提示。読み進めることでコツが身につく流れとなってくる。

**プラスワンアドバイス**

水球選手としての取り組みや考え方、プレーするうえでの注意点をアドバイス。プラスワンの知識を身につけてプールに入る。

**メイン・連続写真**

コツやテクニックに関する詳しい知識や、動作の仕方などを試合写真や連続写真、水中写真を使ってレクチャーする。

# CONTENTS

※本書は2019年発行の『水球　必勝バイブル　テクニックから戦術まで　実戦スキルが身につく』を元に、新しく動画コンテンツの追加、書名の変更、必要な情報の確認を行い、「改訂版」として新たに発行したものです。

anti

PART

# 1

# 誰にも負けない武器を手に入れる

水球のゲーム展開

# 激しいプレスから速攻を仕掛ける

level up

世界に新風を吹き込んだ日本代表チームのパスライン戦術において、自分が適したポジションを見つけることからはじめよう。レベルアップに必要なテクニックを練習でマスターし、未来の代表選手を目指せ！

試合開始は、自陣ゴールラインからコートセンターのボールに向かい泳ぎ、先にボールを取ったチームからの攻撃でスタートする。

海外の強豪チームは、セットオフェンスを重視してパス展開から、強いスタンディングシュートチャンスを狙う。パワーとテクニックを重視し、センターフォワードへのパスから退水を誘発し、パワープレーからゴールを狙うスタイル。

これに対して日本は、全てのオフェンスプレーヤーにプレッシャーをかけて、スタンディングの状態での強いシュートをさせないようにディフェンスし、カウンターアタックから得点を狙うスピード重視のスタイル。

ディフェンスとオフェンスをひとつのものと定義し、ディフェンスをオフェンスのスタートと位置付けているのが海外チームにはない大きな特徴だ。両者のスタイルの違いを理解した上で、日本のパスラインディフェンスにあったスキル、プレースタイルを身につけよう。

## 水球の主なルール

□試合に出場する選手は１チーム７名。チームは７名から最高13人で編成する
□両チームは青色か白色のキャップを着用。ゴールキーパーは赤色のキャップを被る。
□試合時間は８分×４ピリオド。１ピリオドと３ピリオドのあとに２分間のインターバル、２ピリオドのあとに３分間のハーフタイムがある。※ハーフタイム後はサイドチェンジ。
□４ピリオド終了時点の得点数で勝敗を決める。同点の際はペナルティーシュート戦で勝敗を決める。

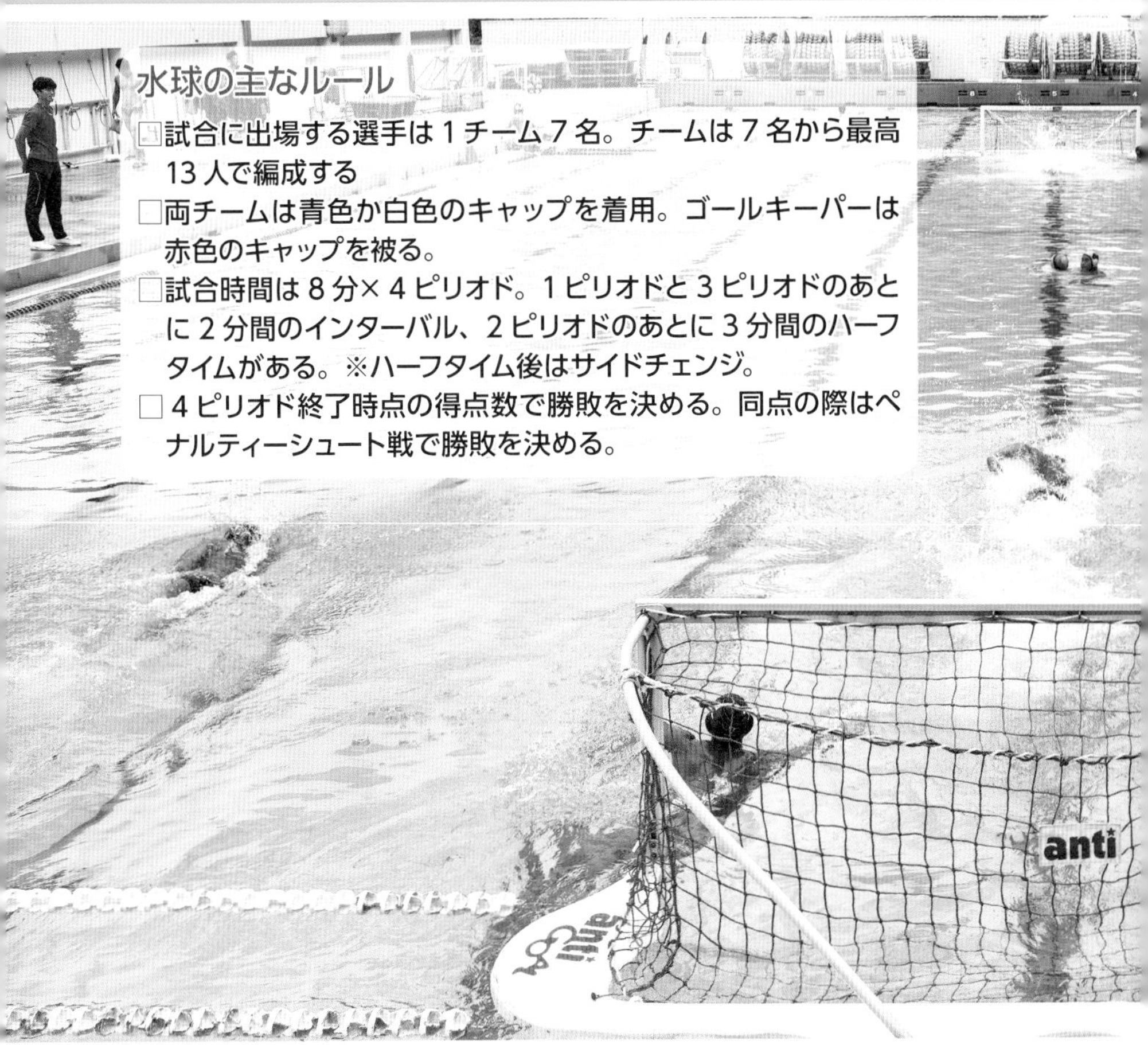


### POINT 1 粘り強いディフェンスで相手を自由にさせない

プレッシャーをかけ続けることで、相手に余裕をもって状況判断されないようにする。パスミスを誘発することで、カウンターアタックのチャンスにつなげる。

### POINT 2 攻撃的な水球でシュートチャンスをつくる

ボールを奪ったら、カウンターアタックを仕掛ける。ショットクロック30秒を使い切らず攻撃することで、攻撃回数を増やす。攻撃回数を増やすことはスピード水球の大きなメリットのひとつ。

水球選手の能力

# 自分の武器を把握してチームに貢献する

## フットワークに磨きをかける

水球選手には泳力とフットワーク、筋力という3つの基礎能力は欠かせない。そのうえで個々の選手の体格や特徴、身体能力を理解し、ポジションの適正、ボールスキルなどのテクニックをチームの中で生かしていくかがポイントになる。

**アグレッシブなディフェンスとスピーディーな攻撃を実現するためにも、フットワークは欠かせない要素。**フットワークの技術が身に付いている選手は、高いレベルの試合に対応できる能力が備わっているといえる。まさに土台となる部分なので、しっかりマスターしておきたい。

## POINT 1 泳力は最大の武器であり防具でもある

日本代表選手もときには1日1万メートルのスイムトレーニングを取り入れるほど、選手にとって泳力は欠かせない能力。あらゆる局面において、誰か一人が遅れただけでほころびが生じる。辛いスイム練習に向き合って人の二倍、三倍泳ぐというくらいの意識がトップ選手になるためには必要だ。

## POINT 2 多くの引き出しを持ってオフェンスにのぞむ

ボールハンドリングは、ゴールデンエイジ世代で身につけておきたい要素。身体とボールを自由自在にコントロールすることができれば、オフェンスでの対応力が大きく変わる。パスやシュートの場面で多くの引き出しを持っていることが活躍できる秘けつ。

## POINT 3 全身をバランスよくトレーニングして相手と対峙する

コンタクトスポーツなので水中で相手と1対1になったときは、フィジカルが高ければ高いほど、優位である。全身を筋力トレーニングも含めて隈なく鍛えて、相手に力でねじ伏せられないようにする。

## +1 プラスワンアドバイス

### 各ポジションの役割を知り自分の能力を生かしてプレーする

プレスディフェンスとカウンターアタックオフェンスをベースにして、チームを構成する七つのポジションには、選手の能力や特徴にあった役割が与えられる。自分のプレースタイルや能力、性格にあったポジションがどこにあるのか、次ページ以降の解説を参考にして考えてみよう。

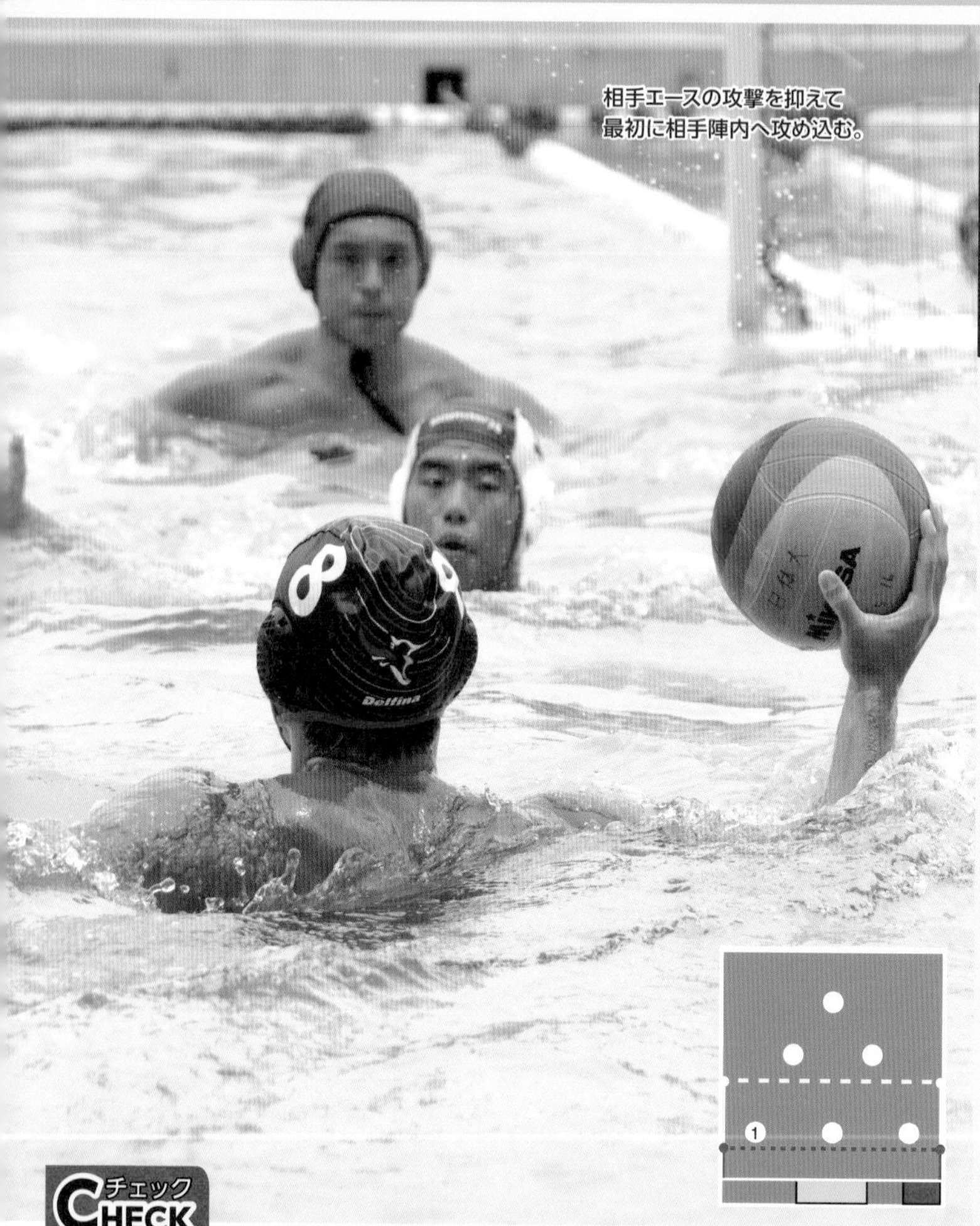

相手エースの攻撃を抑えて
最初に相手陣内へ攻め込む。

# ポジション1（1番）
# 相手エースとマッチアップし、攻撃の起点となる

1番は、ディフェンス時に相手チームのエースとマッチアップするフォワード。高い守備能力と攻撃をリードするスピードとスタミナ、そして自らを犠牲にしてでもチャンスメイクするという献身力が求められる。

カウンターアタックでは、右サイドにリードブレイクして攻撃の起点となることと、シュートシーンを演出する効果的なアシストパスが大きな役割となる。

CHECK チェック

キーパーからのパスを受け、リードブレイクでボールを前線に運び、アシストパスやシュートを狙う。

# ポジション2（2番）
# シュート力を生かしてミドルから打つ

ポジション１と連携して攻撃を組み立てる

ミドルレンジからのシュート力と強いフィジカル、さらにはスピードが求められるフォワード。状況判断能力に優れゲームをコントロールできる能力も必要とされる。サウスポーならシュートアングルが良くなるのでより幅広い攻撃が可能となる。

CHECK チェック

ポジション2はボールキープ力やシュート力が高く、状況判断にも優れた選手が適している。

# ポジション3（3番・センターバック）

# 守備の要としてセンターフォワードを封じる

激しいポジショニング争いで相手センターフォワードを抑えてシュートさせない。

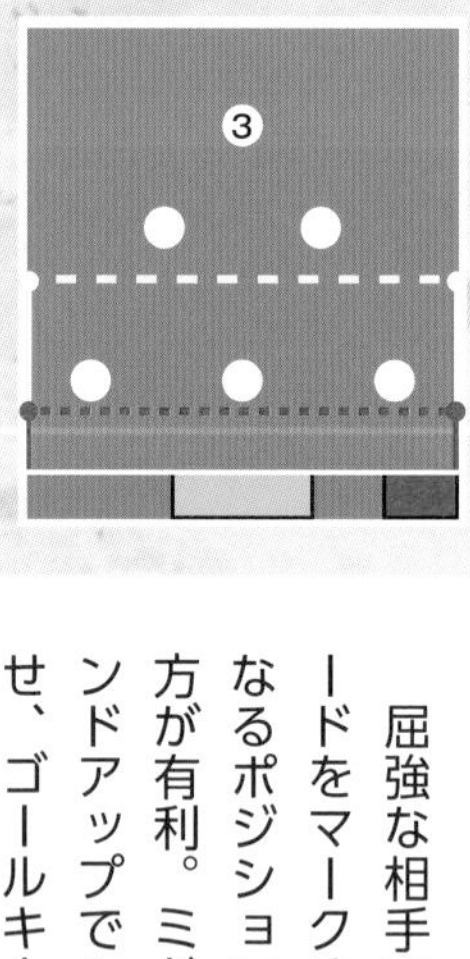


屈強な相手チームのセンターフォワードをマークするディフェンスの要となるポジション。体のサイズが大きい方が有利。ミドルシュートに対してハンドアップでシュートコースを限定させ、ゴールキーパーと連携して守る役割も担う。オフェンス場面では、ミドルシュート能力も必要になる。

CHECK チェック

常にボールサイドにポジショニングをして相手を自由にさせない。

Water polo
＋α

# ポジション4（4番）

# ポジション5と連携してチャンスメイクする

ポジション5と連携しながら
相手陣内に切り込む。

フィジカルや泳力はもとより、ドライブを仕掛ける重要な役割があるので俊敏性とスプリントにおいて高い能力が求められる。パスワークの起点にもなり、オフェンスではポジション5と連携して攻撃を組み立てる。相手のディフェンス陣形を切りくづし、あらゆる局面においても常にシュートを狙う積極性が必要。

CHECK チェック

ポジション4はチームで最も得点力が高く、ゴールを量産するエースが担うポジション。

# 得点感覚を高めてゴールを量産する

## ポジション5（5番）

相手の動きをよく見て
狙い通りのシュート。



ポジション4と同様にチームの得点源となるフォワード。退水攻撃時にはシューターとなることが多い。攻撃方向に対して、左サイドに位置し、角度のないところからでも自在にシュートを打てるテクニックが必要。マークする相手と駆け引きしながら、ゴールキーパーのセーブをこじ開けてゴールネットを揺らす。

チェック
CHECK

ポジション5は得点能力が高い選手が適している。

## フローター・センターフォワード（6番）

# 体を生かして難しい体勢からシュート

センターフォワードの得点は試合の流れを大きく変える。

オフェンスの中心となり、バスケットボールのセンターのようにゴールの最も近くにポジショニングする。試合の勝敗を左右する退水が最も多く発生するポジションなので、ほとんどのチームはセンターフォワードにいかにしてパスをするかを主眼においてオフェンスを構築している。

チームのセンターラインであるゴールキーパー、センターバックと縦の関係を構築して攻撃面からリードする。ディフェンスから激しいチェックを受けるため冷静な判断と忍耐力が要求される最も過酷なポジション。

CHECK《チェック》

相手を背にしてのバックシュートや無理な体勢からでもゴールをこじ開けるテクニックとフィジカルが求められる。

ゴールキーパー

# ディフェンスを操作してゴールを守る

シュートをセーブするだけが仕事ではない。

ゴールキーパーは水球に限らずゴール型球技においては最も重要なポジション。最大の役割はシュートセーブだということは言うまでもないが、そのためにディフェンスへのコーチングが必須となる。

カウンター攻撃で前線にパスをフィードする役割も重要。カウンター成功の80％はゴールキーパーのパスで決まると言われているので正確なパス能力が求められる。

パスラインディフェンスではゴールキーパーもフィールドプレーヤーのような役割を担うのが最大の特徴。味方ディフェンスをコントロールしてセンターフォワードへのパスのインターセプトを狙おう。

CHECK チェック

大きな声で味方ディフェンスをコーチングしてピンチの目を摘む。

# PART 2

# チーム戦術を遂行するためのフットワーク

Water polo
コツ03

水中でのフットワーク

# 足で水を蹴って水中で巧みに動く

**level up** フットワークを向上させることにより、試合で余裕を持ってプレーできるようになり、状況判断力が高まる。プレーの土台となる部分だ。

## 水中で相手よりも強い姿勢で すばやく動き出す

他のスポーツでフットワークといえば、足の運び・足さばきが中心となるが、水球においては水中での姿勢維持や動き出しを指す。手の動作も含めた短い距離での動き出しが、相手よりも強く、速くプレーするために重要な要素。**プレー中は常に足がつかない状態になるため、初速を得るためには足で水を蹴る技術であるフットワークがカギを握る。**

水球では水面に対して体を水平に構える泳ぎの体勢と、垂直に構える立ち泳ぎの体勢を何度も繰り返す。初心者にとってはこの動作をマスターするかどうかが一つ目の難関であり、パフォーマンスに大きく影響する。

## POINT 1 「巻き足・踏み足・蹴り足」という3種類の立ち泳ぎをマスターする

体を垂直にして構える体勢は、三つの立ち泳ぎを使い分けて維持する。巻き足と踏み足には、相手に崩されても耐えられる安定感が必要。蹴り足は膝を水面に近づけて、平泳ぎのような足の形から水を蹴って推進力を得る。どれも水球選手には必須のテクニックだ。

## POINT 2 腕の力を使ってさらなる浮力を得る

立ち泳ぎを行うときに、最も浮力を生むのは下肢のパワーだ。しかし、上肢のスカーリング技術によって、さらなる浮力を得ることができる。つかみ合いやコンタクトが多い試合では、相手に押されても沈まないように耐えるためにも、立ち泳ぎに加えスカーリングを上手に使う。

## POINT 3 スパイダーポジションで動き出せる体勢をつくる

水平姿勢で体を維持するスパイダーポジションは、ディフェンス時に相手の動きに合わせて、すばやく動くときに使う構え。相手のオフェンスプレーに対して瞬時に動き出すことができるよう準備しておくことがポイント。

## +1 プラスワンアドバイス

### 四泳法をマスターしてスピードと体力をつける

姿勢維持や動き出しのスピードは、フットワークで上達することができる。その土台となるのが基本の泳力だ。クロールや平泳ぎ、背泳ぎ、バタフライの四泳法をしっかり泳ぎ、スピードとスタミナをアップする。特にクロールに関しては高いレベルのスイムが求められる。

Water polo
コツ 04

# 足と手を使って大きな浮力を得る

## 立ち泳ぎとスカーリング

動画をチェック

**level up**
体を高い位置でキープすると視野がグンっと広がり状況判断力がアップする。

CHECK《チェック》

### 正しい立ち泳ぎのフォームをチェックする

水球をプレーするために、スイムと同じように重要なテクニックとなる立ち泳ぎは、動作前の「構え」ともいえる。まずは正しい立ち泳ぎのフォームを確認するために、**両手でスカーリングしながら巻き足と踏み足、蹴り足を行う。**水中の足の動きをイメージして、できるだけ体を水面に浮き上がらせよう。

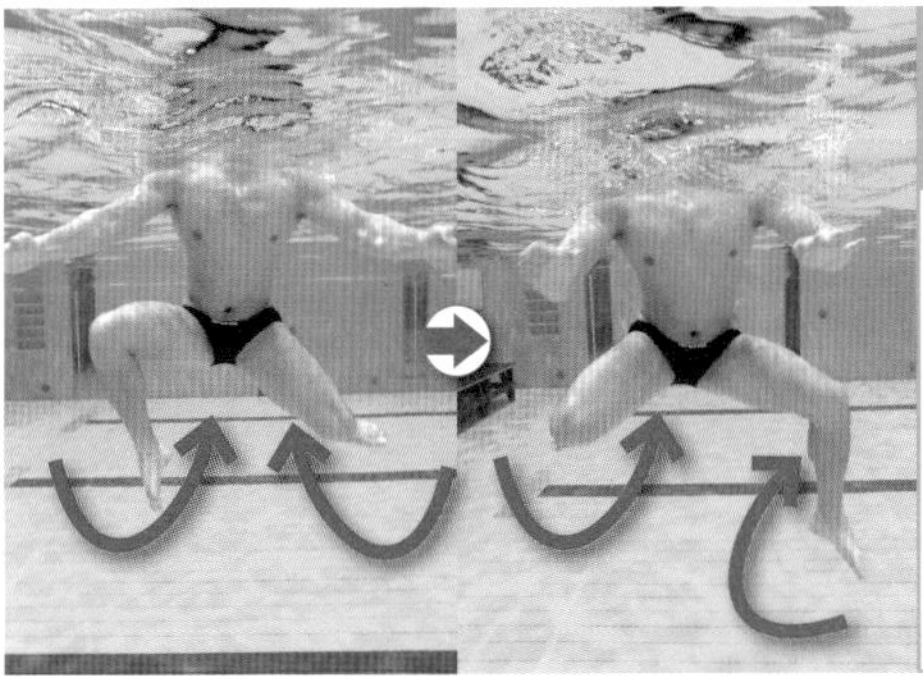

## POINT 1 股関節を柔らかく使って膝を高い位置にキープ

相手の圧力があっても沈まない安定感を身につける。股関節を柔らかく使い膝を水面近くでキープする。カカトを引き上げて親指が下を向くまで一気に蹴り下ろす。膝は伸ばしきらない。リズムよく同じキックを続けると姿勢が安定する。

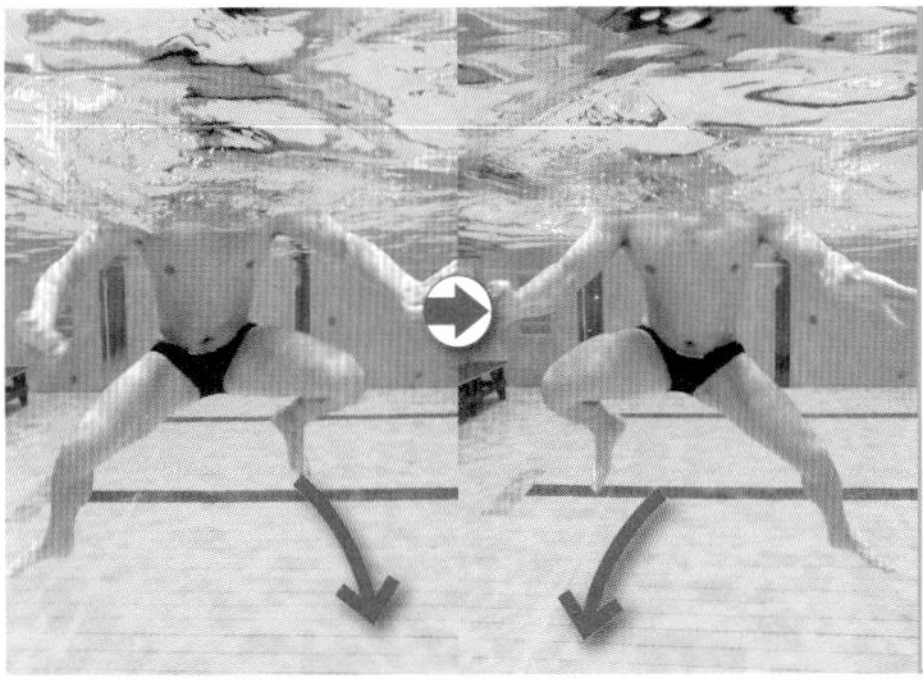

## POINT 2 片方の足裏で水を踏むようにキック

踏み足は、巻き足ほど使用頻度はないが、水中での姿勢維持には欠かせないテクニック。まさに水を踏むようにキックする。平泳ぎの足形を片方ずつ行い、足裏で交互に水を踏むイメージ。ゲーム中の相手との位置関係や状況を考えて、巻き足と踏み足を使い分ける。

## POINT 3 足を蹴り込んで進行方向に進む

蹴り足は瞬発力を生み出すために、水面近くに膝を引き上げる。腰を浮かして平泳ぎの足形をつくり、一気に蹴り込み、進行方向に進む。蹴った後は、次の動作に備えすばやく足を引きつけるか、キックを刻みスイムに入る。

## +1 プラスワンアドバイス

### 手のひら45度にして回し水面に渦をつくる

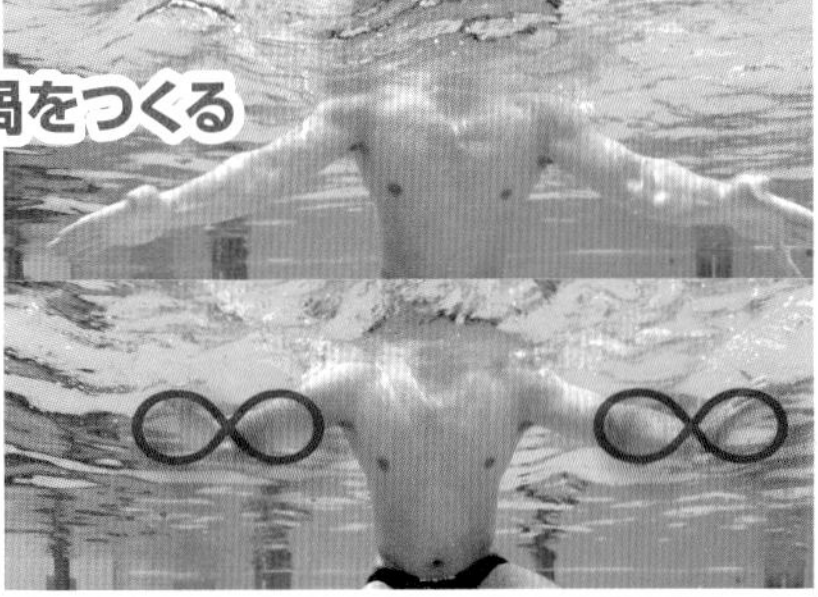

スカーリングは移動や浮力を得るための大切な技術。水中でヒジを90度ぐらいに曲げ、手のひらを水面に対して斜め、45度で構える。そこから両手を巻き込むように横8の字を描くようにに動かす。正しいスカーリングができれば水面の肘辺りに渦ができる。慣れてきたら片手でも行う。

スパイダーポジション

# 瞬時に動き出せる体勢をつくる

巻き足で浮力を得る。

**level up** 相手の動きに合わせて瞬時にリアクションできる構え を意識する。

スカーリングを使う。

## スパイダーポジションからすばやく動き出す

水面に対して垂直に構える立ち泳ぎの姿勢に対して、水平姿勢で構える基本姿勢をスパイダーポジションという。

足は巻き足か、後ろにさがりながら泳ぐリバーススカーリングで行う。この姿勢はゲーム中の様々な場面で使う。

特にディフェンスでは、オフェンスの動きに合わせてすばやく反応しなければならない。**瞬時に動き出すことができるスパイダーポジションを崩さないようにすることが重要だ。**

上体を高く保持すると体が立体的に見え相手に対してプレッシャーをかけることができる。

チェック
CHECK

スカーリングで態勢をキープ。
水平姿勢をキープ。

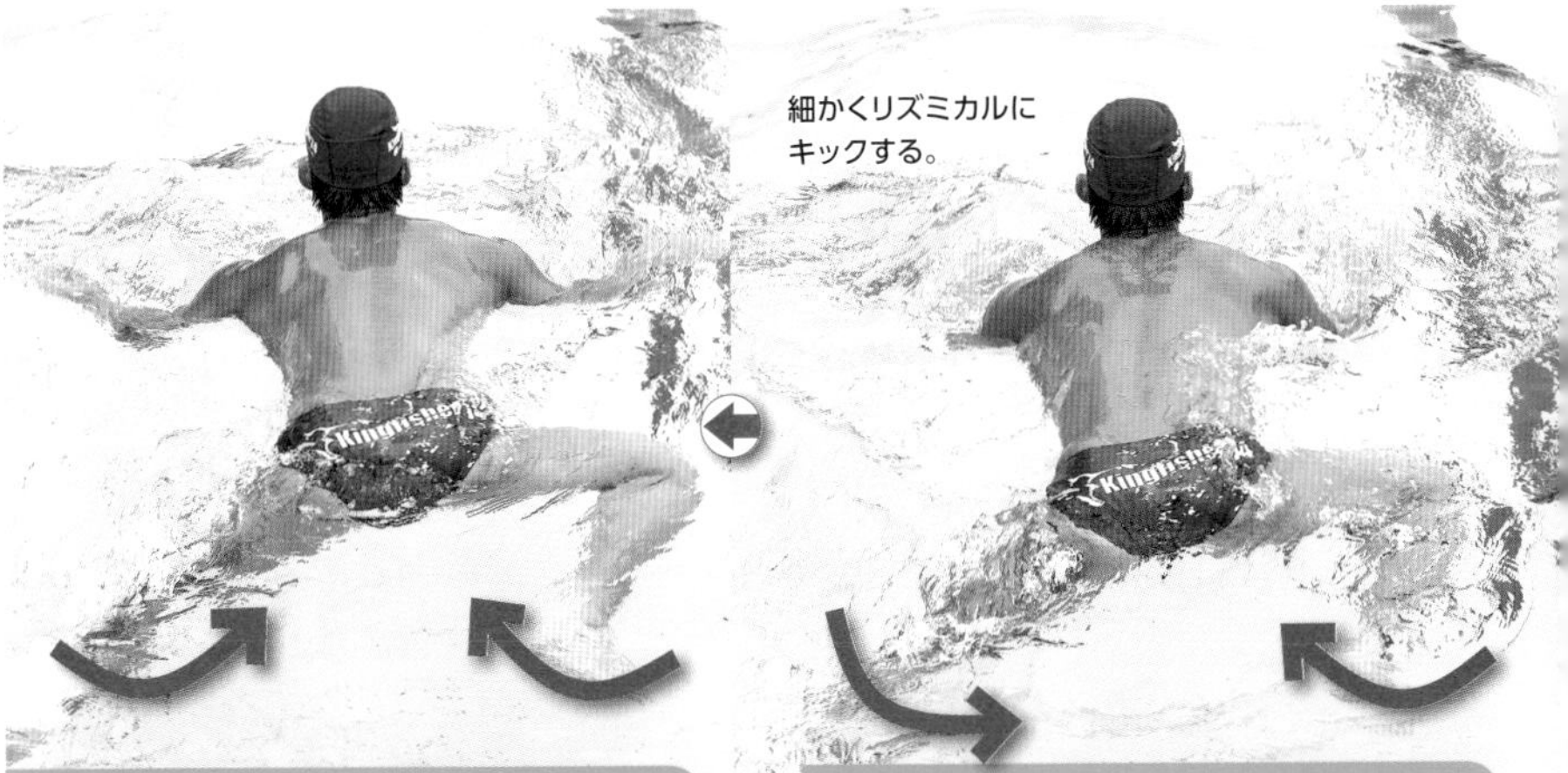
細かくリズミカルに
キックする。

POINT 1 上体を立体的に見せて相手にプレッシャーをかける

POINT 2 いつでも動き出せるよう姿勢をキープする

いつでも動き出せるよう準備する。やや胸を上げて、相手から体が立体的に見えるよう構える。

前後左右に自由に動けるように練習する。腰が下がって垂直姿勢にならないように気をつける。

Water polo
コツ 06

動画をチェック

# 相手よりも高く跳んでプレーで優位に立つ

跳びつき

スパイダーポジションをとる。

巻き足で膝を水面近くまで近づけ、踏み足で体を起こし、蹴り足で最大ジャンプ。

## 水面から誰よりも高く浮き上がるテクニック

水面から体を高くあげるときは跳びつきという技術を使う。パスやシュートシーンでディフェンスにボールをカットされないためにも、体を高く上げることができる技術は重要である。

ディフェンス時においても、パスカットやシュートカットなど、様々な場面でこの技術が必要となる。**巻き足で両膝を胸に近づけ、体をコンパクトにして跳びつく準備体勢をつくることがポイント**。膝が十分に胸に近づいていないと、水深の深いところの水を蹴ることになり、体を高く上げることができない。

**level up** リーチの長さや体格の大きさで勝る選手に負けないためにも、高さのある跳びつきをマスターしよう！

水面を叩くように落ちると、水の抵抗で体が沈む勢いを軽減させることができ、再びスパイダーポジションに戻ることができる。

## POINT 1 膝を胸の近くに引きつけてキック

膝を胸の近くに寄せ、水面のギリギリのところの水を蹴るイメージで行うと高く跳びつくことができる。

## POINT 2 跳びついたらすばやくスパイダーポジションに戻る

跳びつき後にいかに早く次の動作に移れるかが大切。跳びつき後は、跳びつく前のスパイダーポジションにすばやく戻ることを意識する。

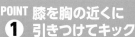

Water polo
コツ07

リバーススカーリング

# 体勢を維持したまま後方に移動する

level up
リバーススカーリングが巧みになれば1対1が強くなる！ボールをもらう動きからドライブを仕掛けるなど、オフェンスでも使えるテクニックだ。

動画をチェック

足裏とフクラハギで水を掻きこむ。

右足を上、左足を下にして両足を大きく開く。

## 体勢を維持したまま下がりプレーの幅を広げる

練習を重ねれば、スパイダーポジションからの移動は比較的簡単にできるようになるが、体勢を維持したまま、後ろ向きに移動する技術はやや難しい。リバーススカーリングは１ｏｎ１のディフェンス場面で使う高度なテクニック。

**足裏とフクラハギを片足ずつ使って水を掻き込み、足指方向に下がることがポイント。**「引き足」とも呼ばれるリバーススカーリングを極めることで、ディフェンスの能力が向上することはもちろん、オフェンスシーンでも下がりながらのボールキープが可能になり、水球選手としてのテクニックに磨きがかかる。

## +1 プラスワンアドバイス

### ポジション4・5の選手の場合

　左足は使わず体の下に位置させ、右足だけでできるように練習する。左足はパスに跳びついたり、ディフェンスを抜き去る動作を瞬時に行えるように準備しておく。

### POINT 1 足裏とフクラハギで水を掻きこむ

　水面に近い方の足の指先を移動したい方に向け、足裏と下腿を使って、水を掻き込む。慣れてきたら片手をあげる。

### POINT 2 水平姿勢をとって目線を前に向ける

　スパイダーポジション時も、リバーススカーリングを使って水平姿勢を保つ。

# 相手との間合いを測りながらプレーする

ウォーク&ダンク

蹴り足で上体を水面から出す。
目線はゴール。

水面に落ちながらボールを持つ手を前に伸ばす。

## 前にいる相手との間合いを測ってプレーする

ボールキープしているときは、限られたチャンスを有効に活用しなければならない。蹴り足で上体を水面から出し、状況を見ながら、次のプレーを選択することが大切だ。**ゴール前でのゴールキーパーと対峙するシーンなどは、間合いがポイント**。ウォークで前に進むか、ダンクを入れて素早く次のプレーに入るかの判断が求められる。

シュート圏内近くで前にスペースがあるときは「ウォーク」を使ってゴール方向に進む。ボールを持った腕は前に伸ばす。

前方にスペースがあまりなく、相手ディフェンダーとの間合いが詰まってしまいそうなら、「ダンク」を入れて止まり、パスやシュートを選択する。

ダンク
水面に落ちながら
ボールを叩きつける。
蹴り足で上体を水面から出す。

**POINT ① ボールを持った腕を前に伸ばして進む**

スペースがあるときには、蹴り足で上体を上げ、水面に落ちながら前に進む。このときボールを持つ手を前に伸ばす。

**POINT ② ボールを水面に叩きつけて前への推進力を止める**

ダンクするときは体を最大限に浮かせ、ボールを高い位置に持ってきてから水面に叩きつける。

# ハンドアップでシュートブロック

ハンドアップ①

攻撃方向
動画をチェック
シューターはハンドアップを交わすため、ハンドアップの上や脇下、頭の横などを狙ってくる。
level up
しっかり体を浮かし、自分を大きく見せることでシューターに対してプレッシャーをかける。

## スカーリングしながら片手を高くあげる

シュートブロックをするためには、ハンドアップを使う。両手を同時に上げてはいけないので片手で行う。高く上げ、相手にプレッシャーをかけるためにハンドアップをしていない方の手でスカーリングを使うことを忘れない。

シュートフェイクをしてハンドアップを交わそうとしてくる相手に対しても、**瞬時に反応できるように、軽く肘を曲げ脇下や顔横のシュートコースを抜かれないように構える。**シューターが横に移動する際に付いていく技術を習得することも重要。

CHECK チェック

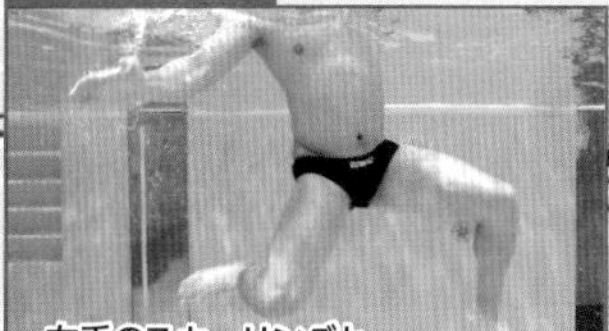

右手のスカーリングと
巻き足を使って体を支える。

シュートブロック成功率を高めるためには、
相手の動きを予測して手をあわせる。

上げた手のひらは相手にしっかり向ける。
脇下を狙われたら肘を真下に下ろす。

## POINT 1 シューターの利き腕にあせて手を上げる

シューターの位置によって異なるが、シューターが右利きの場合は、左手を上げてシュートブロックを試みるのが基本。左利きの場合は、右手を上げる。

## POINT 2 シューターとの間合いを判断してアタックを仕掛ける

相手との距離があると、自由にシュートやパスされてしまう。次ページ以降で解説するテクニックで間合いをつめる。

PART 2

Water polo ＋α

# 相手の距離に応じてアタックを変える

## ハンドアップ②

### 手を抜いてアタック

動画をチェック

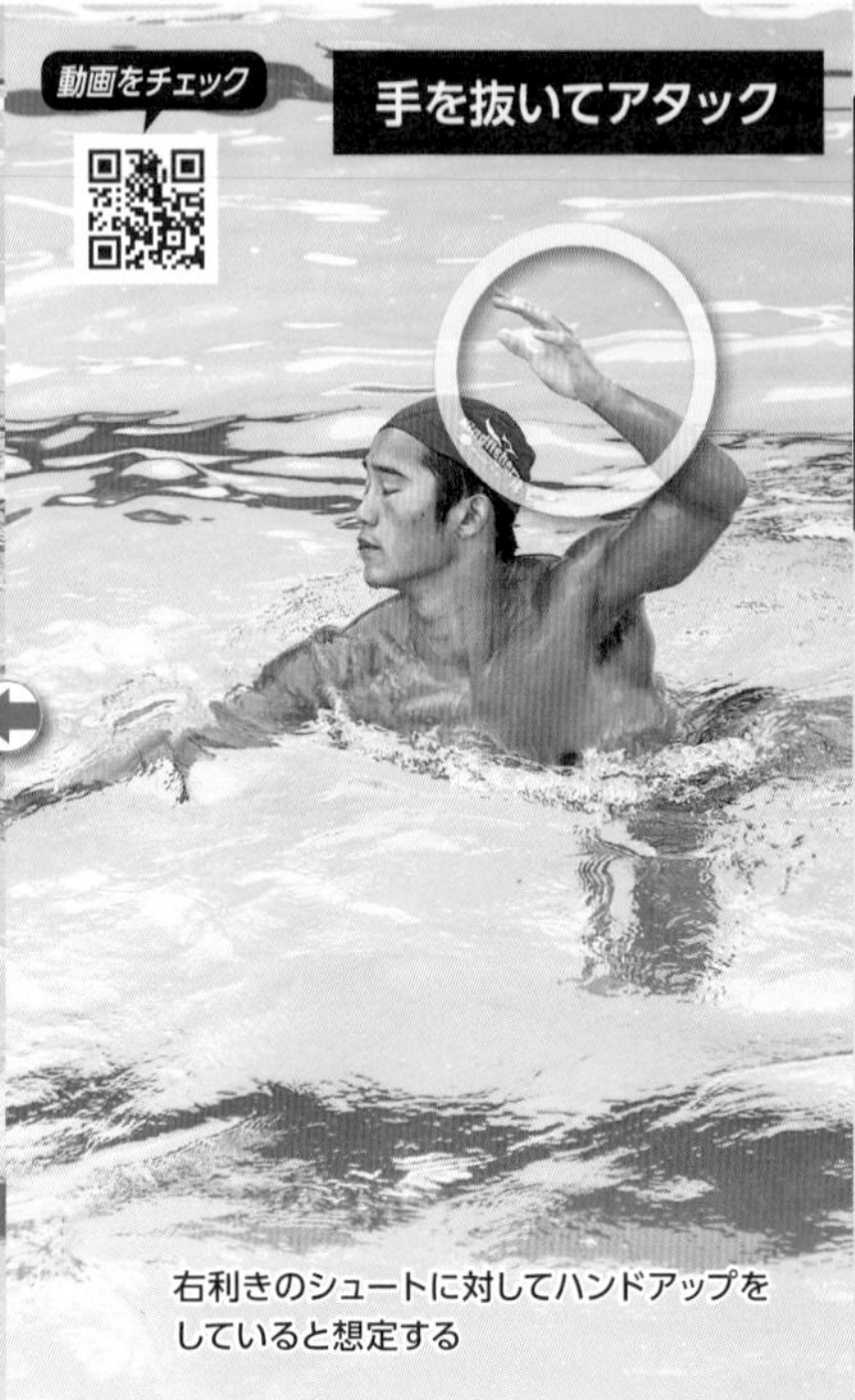

右利きのシュートに対してハンドアップをしていると想定する

左手をあげ右手は体の前でスカーリングする

### ストロークを使ってアタック

動画をチェック

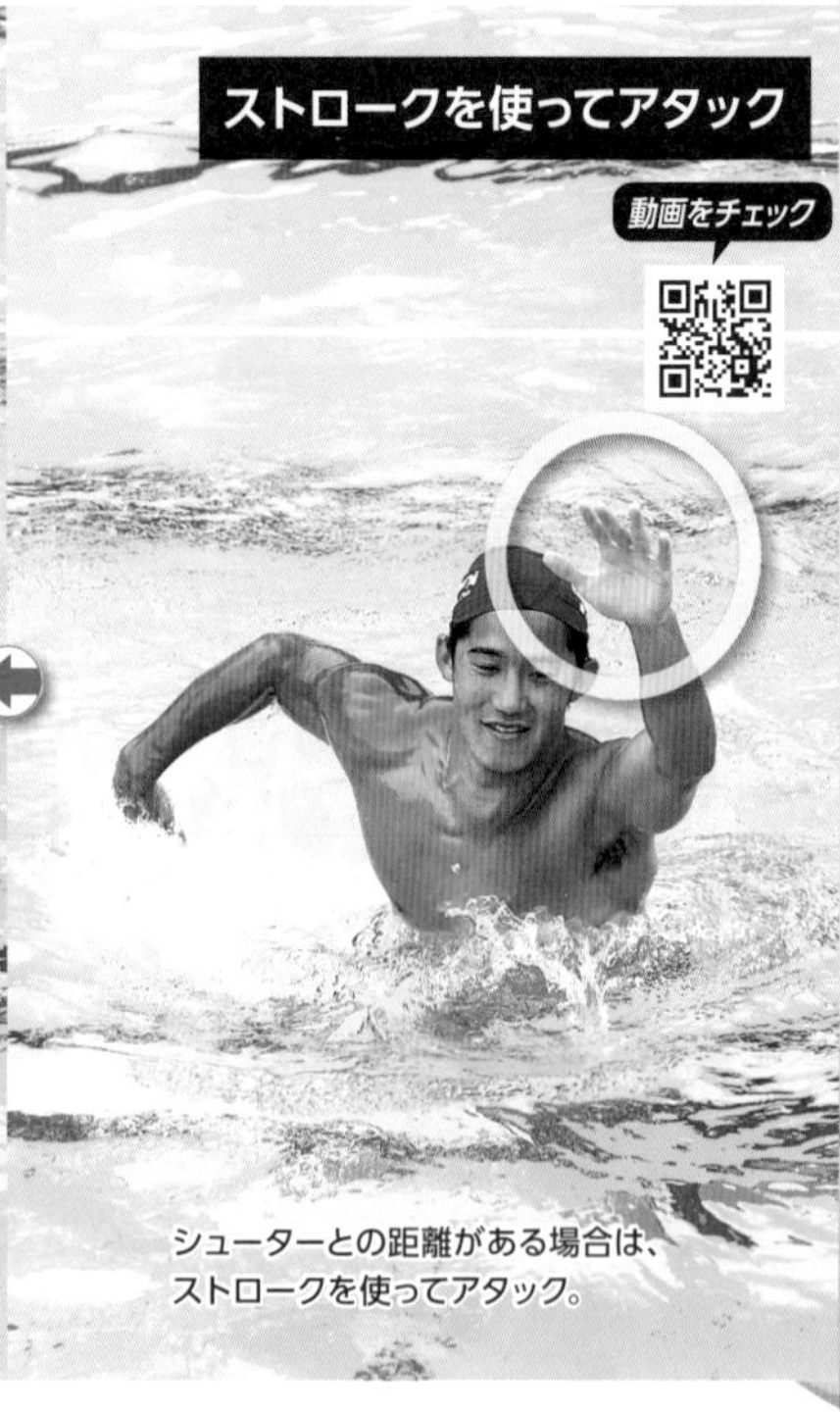

シューターとの距離がある場合は、ストロークを使ってアタック。

右手で水を掻き、水面から手を出しながらアタック。

シューターとの距離が
短いときは、
足だけを使い
距離を詰めていく。

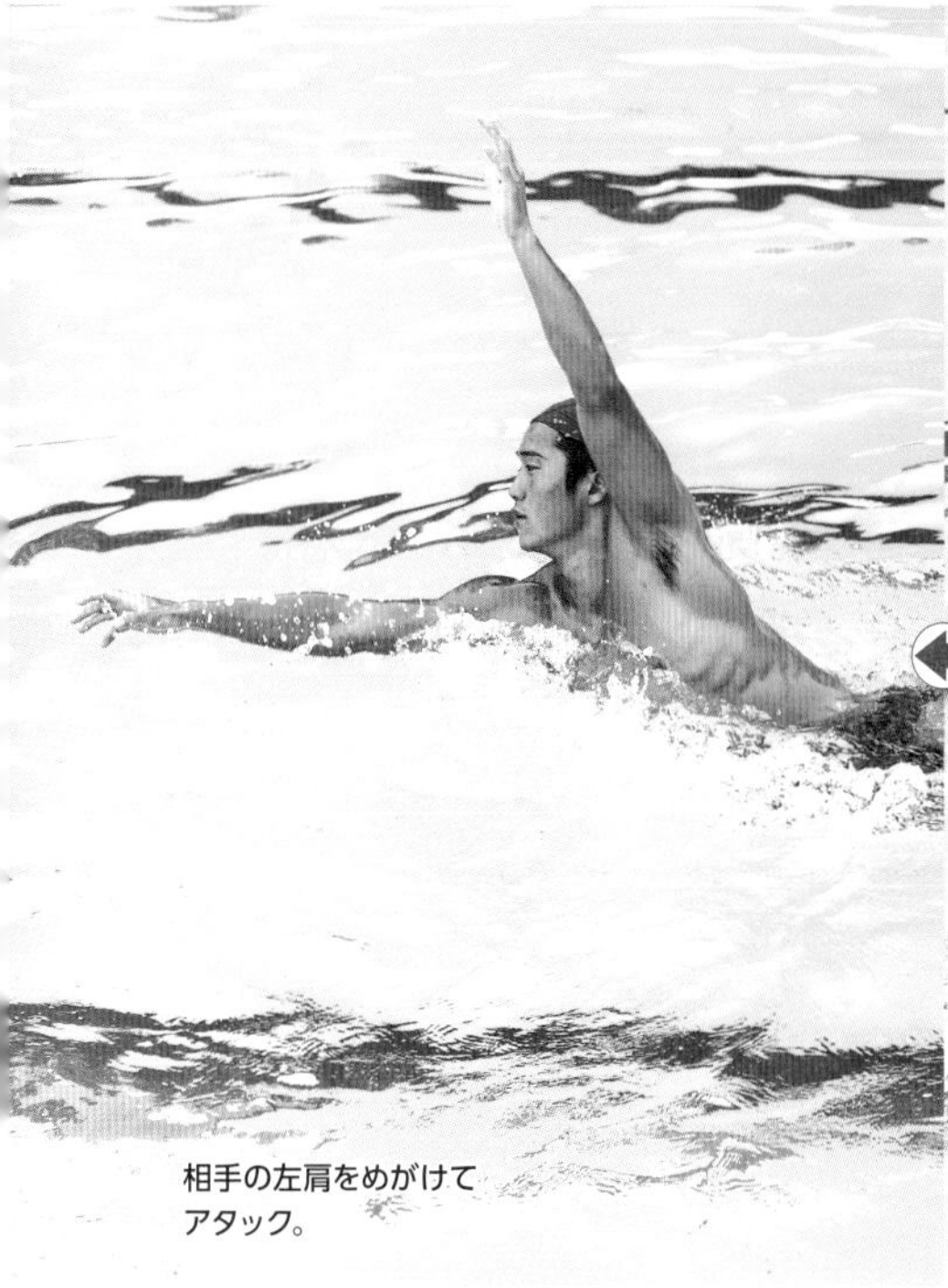

相手の左肩をめがけて
アタック。

## 引き足から跳んでアタック

さらにシューターとの距離がある場合は、思い切ってストロークを使いアタック。

動画をチェック

ハンドアップが下がらないように気をつけて、体を反転させながらスカーリングしている右手でクロールのストロークを使う。

より遠い距離にいる
シューターまでアタックに
行くときに使う。

Water polo コツ 10

フットワーク練習&ボールスキル

# フットワークを使いこなす

level up

ここからは水球の基本姿勢や動作の精度を向上していくためのフットワーク練習に取り組む。スキルアップを目指せ！

動画をチェック

## 地道なトレーニングの積み重ねがレベルアップにつながる

基本姿勢をマスターしたら、次のステップに進むために、フットワークのトレーニングを行う。**地味なトレーニングだがフットワーク技術を高めることは、パフォーマンス向上の重要な要素。**水中で思い通りに動けるフットワーク技術を身につけるためにも、次ページ以降は、ボールを持って動く練習をする。

また同時に立ち泳ぎの強化や泳力、ボールスキルを養っていくことも重要。試合では使わないボールハンドリングを取り入れて、コーディネーション能力もアップする。

## POINT 1 両手をあげて 立ち泳ぎを行う

試合でのディフェンスやオフェンスシーンをイメージして、両手を水面から上げて、足の力だけで浮力を得る練習を行う。慣れてきたら左右前後に手を使わずに立ち泳ぎの技術だけで移動する。常に上体を高い位置でキープできるよう巻き足を効率よく行う。

## POINT 2 重りなどの負荷を 使った立ち泳ぎを強化

立ち泳ぎが上達したら、自重だけでなく重りを使ったフットワークトレーニングも行い実戦でも力負けしない脚力を身につける。ウエイトベルトを腰に巻きフットワーク練習をしたり、メディシンボールや10kg~15kgのプレートを使って立ち泳ぎを強化する。

## POINT 3 水中での動作や ハンドリングスキルを磨く

水中という特殊な状況のなかで、ボールをコントロールするハンドリングスキルは、時間をかけて練習する。ゲームではあまり使わない背泳ぎやハンドリングを取り入れながら、体の動かし方、ボールの扱いに磨きをかける。

## +1 プラスワンアドバイス

### ルールを理解して トレーニングする

水球のルールをしっかり意識してトレーニングすることが大切。「ボールを水中に沈めない」「ボールを両手で持たない」などの基本をおさえながら、フットワークやボールハンドリングにチャレンジしてスキルアップする。

動画をチェック

## ジャグリングのバックドリブル

ボールは頭上へ浮かす。
すばやくボールを
トスで浮かせる。
ボールをよく見て
下からキャッチ。

### 背泳ぎしながらボールを水上でコントロールする

背泳ぎしながらボールを水上でコントロールする。ボールをトスでコントロールしつつ、休みなく背泳ぎのストロークを繰り返す。キックやストロークが弱まると、体が沈みコントロールしにくい。水平姿勢よりも上半身を起こすイメージを持つ。

動画をチェック

## ジャグリングドリブル

ボールは進行方向の少し前へ。
ボールを上に
浮かせる。
反対の手で
ボールをキャッチ。
再度、ボールを浮かせる。
これを繰り返す。

### お手玉のようにボールを扱いながらドリブルする

ドリブルしながらボールをジャグリングするトレーニング。普段行わないボールの扱いでコーディネーション強化につなげる。苦しい練習ばかりだとモチベーションがあがらない。ときには遊びの要素も取り入れていく。

# ボールを持ってクロール

SIDE
腕を前にしっかり伸ばす。
ボールを持つ手をエントリー。
ボールを持ちながら
ストローク。
ボールを持つ手を
リカバリー。

動画をチェック
クロールでボールを握る。
ボールを持っていない手は
クロールのストローク。
ボールを水中から出して
エントリーに向かう。

## ボールを持ったまま両手でクロールのストローク

通常ボールは水中に入れることはできないが、ここではボールをしっかり握って、両手でクロールのストロークを行う。ボールを持っていてもスピードが減速しないようストロークに集中する。

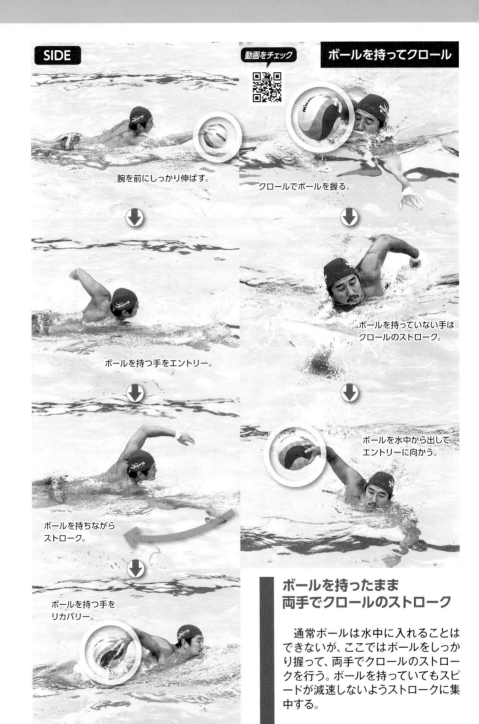

SIDE
ボールを持たない手を伸ばして
エントリーする。
ボール常に高い位置でキープ。
フリーの手でしっかりストロークする。

## ボールを持って片手クロール

動画をチェック
クロールからボールを握る。
ボールを持っていない手で後ろに掻く。
ボールを持っていない手でエントリーに向かう。
水をつかんでキャッチ。

## 片手クロールしながら<br>ボールは水上でキープする

ボールを持たない手で片手クロールを行い、前方方向への推進力を得る。このときボールを持つ手もストロークに同調させる。フリーの手がエントリー以降、ボールは肩より上にし、フリーの手が水上にある場合は、前方に伸ばしてボールを下から支え持つ。

## SIDE

水中からボールを
持っている手を抜く。

ボールを持ちながらエントリー。

フリーの手を抜き、
ボールを持つ手で水をキャッチ。

# ボールを持って背泳ぎ

動画をチェック

背泳ぎからボールを
握る。

ボールを持っている
手をエントリー。

フリーの手を後方に
伸ばす。

ボールを水面から出す。

## ボールを持ったまま 両手で背泳ぎのストローク

背泳ぎはゲームでは使用頻度が少ない泳法だ。しかし泳力アップとハンドリングスキルを高めるためにも、ボールを持った手で背泳ぎのストロークを行う。肩の回転を意識して大きくダイナミックなフォームでストロークさせる。

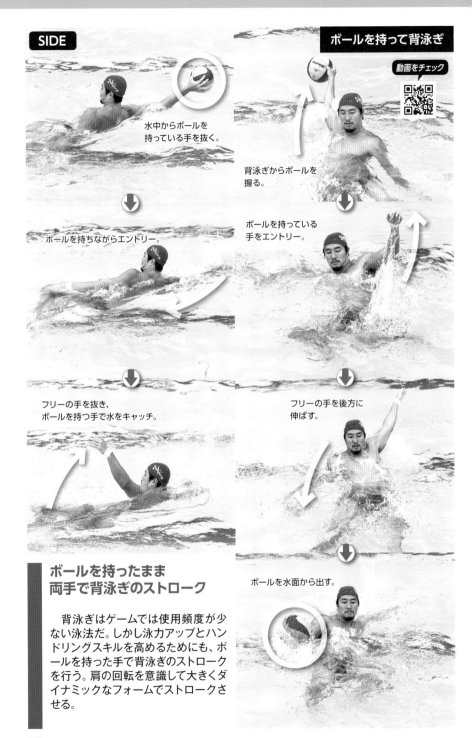

SIDE
動画をチェック
肘を上げてボールをキープする。
姿勢を維持する。

## ボールを持ってリバーススカーリング

ボールを利き腕側で持つ。
リバーススカーリングを開始。
足裏とフクラハギで
水を掻きこむ。
後方に下がる。

## ボールを持ちながら水平姿勢を保つ

リバーススカーリングは、ディフェンスの場面でよく使われるテクニックだが、オフェンスではボールを持って下がることができる。実戦的なテクニックにするためには水平姿勢を維持し、目線は前方に向ける。

SIDE

シュートモーションをつくる。

体を反転する。

ボールを持つ手を伸ばして前に進む。

バックターン

動画をチェック

体を水面から大きく出す。

前に行くと見せかけて
体を反転。

ボールを持つ手を先行させて
体を回転させる。

進行方向に対して
ボールを持つ手を伸ばす。

## シュートモーションから バックターンに入る

シュートモーションからのオプションのプレーでバックターンをする。相手が前にいるときに有効なプレー。ボールを相手から離しつつ、持つ手を先行させて体を回転させる。回転終わりと同時に、足を引きつけて、蹴り足をすることで推進力をアップさせる。

SIDE
シュートモーションをつくる。
ボールを一気に前方に運ぶ。
ボールを持つ手を伸ばして前に進む。

シュートモーションから前に出る
動画をチェック
体を水面から
大きく出す。
シュートモーションから
スペースに体を向ける。
体を倒しながら前に進む。
ボールを持つ手を
伸ばしながら進む。

## シュートモーションから ウォークに入る

シュートモーションからのオプションのプレーでウォークに入る。続けて何本か行い、スタミナも同時に強化する。ウォークの後はダンクを行うなど、テクニックを織り交ぜていくことで、より実戦的なテクニックが身につく。

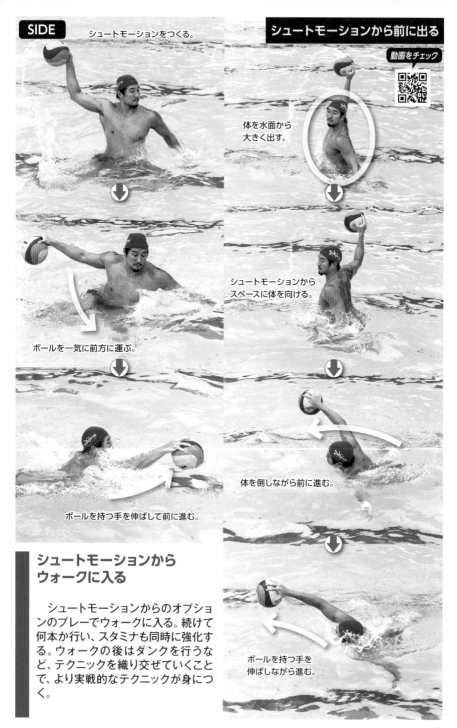

PART

# 3

# 華麗なパスで試合をコントロール

Water polo
コツ 11

パスワーク

# 正確なパスワークで攻撃を構築する

パスキャッチは大切なテクニック。
水面から体をしっかり出してボールを受ける。

**level up** ボールを落とさないことがパスワークの基本中の基本。当たり前のことだが、簡単ではないので練習では集中力を高める。正確なキャッチが、その後のスローの精度につながる。胸の下が水面から出る高さを目安としてキープする。

## 受け手と出し手の意思疎通をはかる

水中でプレーする水球は、陸上の球技のように早く動くことができない。言い換えればボールスピードとプレーヤーのスピードの差が大きい球技である。すばやくパス展開し、オフェンスのプレーをつないでいくかが得点力アップの秘けつとなる。

そのベースとなるのが、正確なパスワークだ。パスは選手間の点から点へのパス、ときにはオープンスペースを使う有効な手段ともなる。**全ての選手はパスの基本を習得し、状況に応じたパスを繰り出せるよう技術向上を目指さなければならない。**

パスを受ける方も体を水面から出し、パサーから立体的な目標となることが大切。受け手と出し手の意思疎通がパスワークのカギを握る。

## POINT ① 水に沈めてボールをグリップさせる

ボールを握るときは水面に押し付けて、手にグリップさせる。

ボールが濡れていると、より吸着力がアップする構造となっている。

## POINT ② キャッチする手を前に出してあわせる

キャッチングは、手を前に出して、迎えに行くことがポイント。

ボールがきたら合わせて、ボールの勢いを吸収するように指先近くからキャッチする。

## POINT ③ タテ回転のボールで正確にコントロールする

ボールを投げるときは、リストのスナップを使いボールがタテに回転することを意識する。規則正しい回転のパスは、正確かつ受け手もキャッチしやすい。

短いパスはもちろん、ゴールキーパーからのフィードでも意識する。

## +1 プラスワンアドバイス

### 3人でトライアングルをつくりパスワークを磨く

パスワークは出し手と受け手の技術とコンビネーションがあって成立する。2人または3人で、さまざまなパス練習に取り組む。本章では実戦で使えるパステクニックを中心に解説している。トライアングルから右回り・左回り、パスの種類を変えてトレーニングする。

Water polo コツ12

パスの基本

# 肘を高く保って前に押し出すように投げる

**level up** パスは足がすべてと言われるほど、姿勢を安定させることは大事。スカーリングと巻き足で姿勢をキープすることを意識して練習を重ねれば、技術は確実に向上する。

指先近くでボールを捉え球速に応じて手を引き徐々に球速を吸収する。

体の前で手を構えキャッチングに備える。

動画をチェック

## 正しいフォームでパスすることを意識する

シュートを決めるためには、正確なパスは欠かせない。ゴールが生まれるためには、その前に素晴らしいパスがある。シュート技術を磨くことも必要だが、**正確なパス技術を磨くことがシュート決定率を上げるためには必要。**

まずは、ボールを落とさないでパスできるようになろう。そのためには、キャッチングが重要になる。飛んでくるボールの勢いを吸収するようにキャッチングすることがポイントだ。

キャッチング時に
肘が下がらないように気をつける。

パスする時には、
肘を前に出すようなイメージで。

ボールをリリースするときは
手首のスナップを効かせる。

### POINT 1 左肩から右肘まで やや斜めに一直線になる

スカーリングで体が沈まないように支え、強いシュートも打てる姿勢で構える。

### POINT 2 肘が下がって 体が浮いていない

体が沈んでいると、目線が低くなり状況判断が悪くなる。パスのリリース位置を高くすることで、パスカットのリスクを減らす。

トライアングルパス

# キャッチング動作でディフェンスを引きつける

試合中不意に飛んでくるパスに反応して跳びつくためにも、パス練習では常に左足を体の真下に位置させ、右足を水面近くに構える。

## トライアングルの形でパス練習をする

トライアングルパスは基本となる練習。時計回りのパスと、反時計回りパス両方を練習する。

ボールをキャッチすると同時にシュートの構えをとること意識して、**ゴールキーパーやディフェンスを引きつけるイメージを持って行う。**

パッサーは受け手の手元で落ちるようなパスではなく、受け手の先に抜けていくような軌道が理想。そのためにパススピードも意識して行う。

キャッチング技術が向上すれば、退水ディフェンスやドロップバックディフェンスを崩すことができるようになる。

Water polo
コツ14

バックハンドのパス

# すばやいキャッチングでスピーディーな攻撃を展開する

反時計回りのパス

動画をチェック

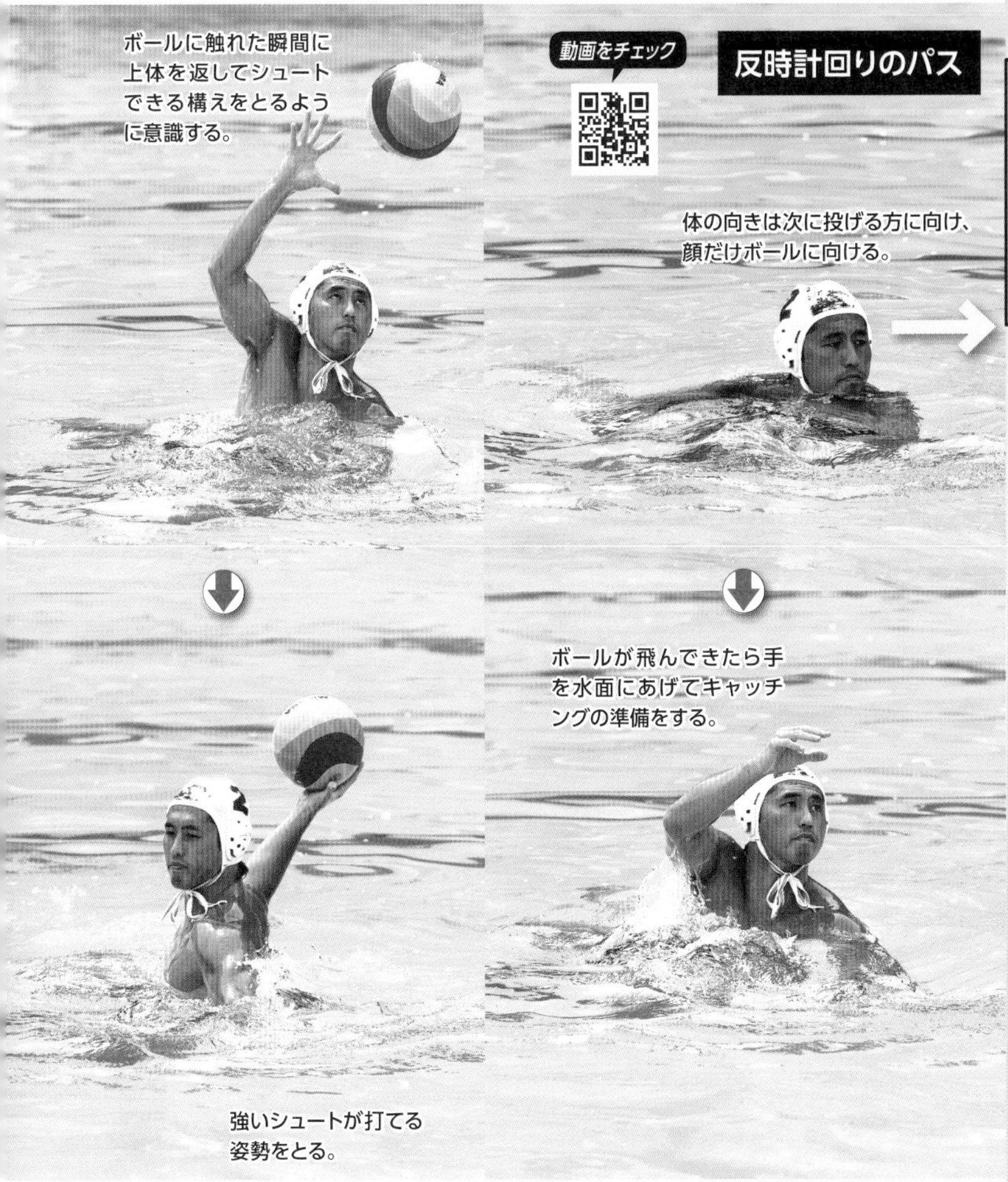
体の向きは次に投げる方に向け、顔だけボールに向ける。

ボールが飛んできたら手を水面にあげてキャッチングの準備をする。

ボールに触れた瞬間に上体を返してシュートできる構えをとるように意識する。

強いシュートが打てる姿勢をとる。

## バックハンドでパスを受け実戦的なテクニックを身につける

右利きの選手は、反時計回りのトライアングルパス練習では、バックハンドでパスを受ける。バックハンドでキャッチングする技術は1、2番の選手が、4、5番の選手からパスを受けるときや、カウンターアタックで抜けてきた選手が、レフトサイドからパスを受けシュートを狙いにいくときなど、頻繁に使うテクニックだ。

バックハンドでのキャッチングではヒジを返すようにし、ボールタッチしたところから大きく動かないように意識する。ボールを落としたり、ファンブルすると決定的なチャンスを逃すことになる。**スムーズなキャッチング技術を習得し、スピーディーな攻撃に貢献しよう。**

PART 3

Water polo コツ 15

プッシュパス&ナックリングパス

# 水面近くでも自在にパスを操る

肘は高い位置。
ボールを水面に沈める。

肘は高い位置。
ボールを下から持つ。

## ドライパスだけでなくウェットパスもマスターする

ボールを水面に落とさずにパスをする「ドライパス」に対し、水面に落としてパスをする「ウェットパス」の練習にも取り組む。ここではウェットパスのテクニックであるプッシュパスとナックリングを解説する。

**これらのパスは、通常のパスのようにボールを持ち上げて、パスの構えをとる時間がない時などに使う。**

プッシュパスは、ボールを軽く沈め、浮き上がってくる力を利用しボールを押し出すように、スナップを使い投げる。ナックリングは、片方の手でボールをリフトアップし、もう片方の掌でボールを突く。

浮力を利用してボールをリリース。

スナップを使い前方に押し出すイメージで
ボールを投げる。

指の部分で勢いよく
ボールをはじく。

腕を前方に突き出す。

## POINT 1 肘を高く保って強いパスを出す

プッシュパスを出すときは、肘を肩よりも高い位置に構えて投げると、強いパスをすることができる。

## POINT 2 肘を上げて水の抵抗を防ぐ

ナックリングは、肘が下がると水の抵抗を受けるため、肘を高く上げる。

PART 3

Water polo
コツ16

# 最高点でパスする

## ハイジャンプパス

手のひらにしっかりとボールを収めることでコントロールが良くなる。

水着が見えるほど高くジャンプする。

動画をチェック

### 練習時からタップパスを意識して水面から体を浮かす

タップパスは、ボールをキャッチしてからリリースまでの時間を短くすることで、より高く体を浮き上がらせることができる。

跳びつきをして、**最も高い位置でボールをタップできるように、ジャンプするタイミングを図りながらパスする。ジャンプする際にボールを弾くのではなく手のひらに乗せ手首を返して投げることで正確なパスができる。**通常のパス練習時から、タップパスのように体を水面から浮かすことができたら「最強のパス」を習得できる。まずは誰よりも高くジャンプすることを意識して練習しよう。

Water polo
コツ17

肩を後ろまで引くパス・引かないパス

# 状況に応じて肩の可動域を変える

肩を後ろまで引かないパス
動画をチェック
この位置よりも肩を後ろに
引かずにパス。

肩を後ろまで引くパス
動画をチェック
12
大きく肩をストレッチするように
後ろに引いてパス。

## 肩を後ろまで引くパスと引かないパスを使い分ける

　肩を後ろまで引き、ボールの勢いを吸収しながらキャッチすることが基本となる。しかし試合では、状況に応じてクイックでパスしなければならないこともある。

　そのため練習では、肩を体の後ろまで引かずに、ボールを持っている時間を短くしてパスすることや、大きく肩を体の後ろまでストレッチするように引いてからのパスなど様々なケースを想定した練習をする。

　キャッチからリリースするまでの間で、**どのタイミングでもパスできる技術を身につければ、常に変化する試合の状況に対応することができる。**

Water polo
コツ18

## サイドスロー&オーバーヘッドスロー
# リリースポイントを変えてパスする

サイドスロー、オーバーヘッドスローの位置からのリリースを練習する。

動画をチェック

## 相手のハンドアップを避けてパスを通す

ボールが最も高い位置に来るように構えて、パスするのが基本フォームだが、ゲームではディフェンスのハンドアップがあるので、リリースポイントを変えてパスするケースも多い。

練習ではサイドスローや、ボールを頭の左側からリリースするオーバーヘッドスローを取り入れる。どちらの投げ方もリリースするときに、**手首のスナップを利かせるとパスコントロールが良くなり、正確なパスとなる。**

この技術は、ハンドアップを抜いて打つシュートにも使う重要な技術のひとつなのでマスターしよう。

## POINT ① 肘の位置を下げてサイドスローパス

構えからヒジを下げる。　肘を先行させて腕を振る。　スナップを効かせてリリース。

## POINT ② 頭の後ろからオーバーヘッドパス

頭の左側までボールを移動。　コンパクトにスイング。　スナップを利かせてリリース。

フェイクパス

# 多彩なフェイクでディフェンスを引きつける

打点を高くとりシュートの構え。

強いフェイクをする。

動画をチェック

## リズムや腕の振りを変えて相手を惑わす

ボールを持った状態でのフェイクは、パスやシュートでは欠かせない重要な技術である。やみくもにボールを動かすのでなく、どのようにボールを動かせば、ディフェンスやゴールキーパーを効果的に惑わせることができるのか、考えながら練習しよう。

はじめに、体を水面から出し、本当にシュートする、もしくはパスするように構える。シュートすると相手に思わせなければ読まれてしまうので、**いつでもシュートできるという構えをとり続けることがフェイク成功のカギ**。ボールは一定のリズムで動かすだけでなく、サイドスローやオーバーヘッドスローを織り交ぜる。また、体のアップダウンや、肩の動きに緩急をつけアクションを入れたり、リズムを変化させるなど、実際のシュート動作をフェイク動作に入れる。

サイドスローの位置までフェイクする

ボールを急に止める。ここでテイクバックせずにシュートできるようにする。

## POINT 1 シュートと同じ構えをとる

シュートモーションで相手の注意を引きつける。フェイクパスでも体を水面から浮かし、強弱のある動きをする。

## POINT 2 タイミングをずらしてシュート

動かしていたボールを、急に止めると相手はシュートを予測する。止めたところから、テイクバックせずタイミングをずらしたシュートも有効。

パス練習①

# ハンドアップを抜き去るパスをする

体を高く上げると、ディフェンスもハンドアップして体を上げる。その時に脇下や頭の横のパスコースが空く。左右にウォークしてハンドアップを抜き去るのも有効だ。

動画をチェック

## 体を上げてハンドアップの上からパスを通す

リリースポイントを変えるパスを習得したら、実際にディフェンスのハンドアップをつけて練習する。

ハンドアップでパスコースを塞がれた時は、**サイドスローやオーバーヘッドスローを使い、ハンドアップの脇下、もしくは頭の横あたりを狙う**。ディフェンスの動きを見ながら、パスカットされないようにしよう。

ハンドアップする選手は、ボールに合わせて手を動かし、抜かれないようにパスコースを守るため、ボールを持って高く浮き上がり、左右にウォークしてハンドアップを交わすのも効果的だ。

Water polo
コツ21

# パス練習②
# ボールを増やした状況でのパス

3人でボール3個を使うとパスすると同時に、キャッチする準備をしなければならない。

動画をチェック

## 複数のボールのパス練習で コーディネーション能力をアップ

3人組（ボール1つ）から、ボールを増やして難しい状況を設定し練習を行う。ボール2個からはじめ、慣れてきたら3個に増やす。

メニューについても①ボールは水につけないドライパス、②水面に投げるウェットパス、③ループパスなど、パスを変化させると難易度がアップする。さまざまなバリエーションのパスが使えるようにトレーニングしよう。

**パスを受ける相手が、キャッチングできる状態にあるのかをすばやく判断してパスしないとミスが起こる。**判断力を身につける練習にもなる。

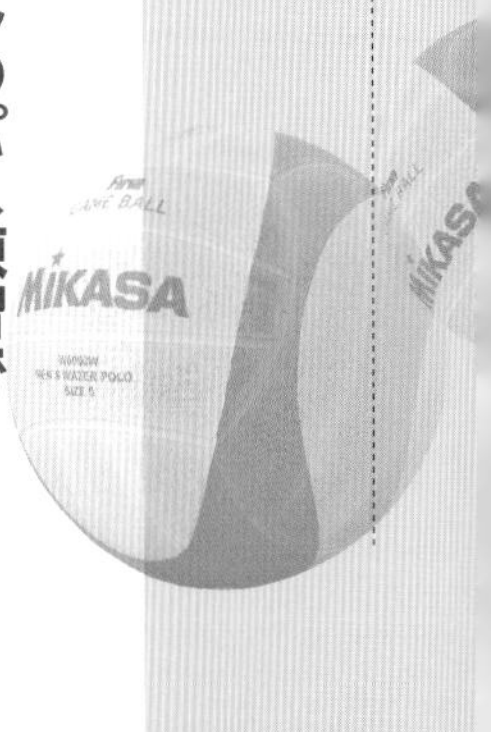

PART 3

Water polo

コツ22

パス練習③ペンタゴンパス&スイム

# 複数人数でパスを交換しながら動く

## 5人組で5角形をつくって星型の方向にパスをまわす

5人組5角形パスに慣れてきたら6人組になり、スイムの動きを加える。

5角形の1辺に2人並んでスタートし、2人のうちの1人がパスしたら、パスを受けた人のところまでダッシュで泳ぐ。泳ぎ着いたら、すぐにパスを受ける構えをとる。パスを受けた選手は、次の人にパスしてそこまで泳ぐ。これを繰り返す。

**パス直後に、すぐに水平姿勢をとり、ダッシュはすばやくトップスピードまで持っていくことが大事。**ダッシュの途中に飛びつきを入れて、パスカットを狙う動きをするとさらに難易度がアップする

パス練習④

# 左右の腕でパス&キャッチする

ボールを２個使い、左右両方の腕で投げる練習も効果的。

動画をチェック

## 左右両腕で投げて プレーの幅を広げる

利き手ではない方の手でもパスやシュートができるようになると、プレーの幅が大幅に広がる。パス練習時には、左右どちらの腕でも投げられるように練習してみよう。

**自分の体を自由に動かすことを目的としたコーディネーショントレーニングの一環にもなる。**

前ページで解説した①③のようなパス技術や脚力強化を目的にする練習メニューだけでなく、②や④のようなコーディネーショントレーニングを導入することで、ハンドリングスキルは確実に上達していく。

COLUMN

## フェアプレー精神を尊重することで水球が多くの人から愛されるスポーツに

男子水球は1900年第2回パリ大会から五輪正式種目。女子水球は、100年後の2000年シドニー大会から採用された。男子代表はリオ五輪で32年ぶりの出場を果たし東京・パリオリンピックと3大会連続の出場を決めた。女子代表は東京大会で初出場した。

メディアなどからは「水中の格闘技」と呼ばれる水球は男子はラフプレー、女子は水着をつかんでプレーする反則行為が常態化している。「審判がファウル判定をしなければ、禁止行為をしても有利な状況をつくり出すべき」というフェアプレー精神に反する考え方が未だに残っている。

ボールゲーム最大の魅力はスピードとテクニック。反則行為はその魅力を妨げるために行うので、その行為によって自分の愛するスポーツの魅力を自らの手で摘み取っていることに他ならない。応援するチームの勝敗だけに一喜一憂するだけのスポーツは発展しない。なぜなら勝敗は数ある競技スポーツの魅力のひとつにすぎないからだ。水球のゲーム性そのものを見て楽しいと思えるものにしなければ、多くの人から愛されるスポーツには決してならない。フェアプレーはマイナースポーツである水球を魅力あるスポーツにするための最後のキーワードなのだ。

PART

# 4

# 決定率を上げるシュートスキル

Water polo
コツ23

シュートテクニック

# どこからでもシュートを打てる技術を身につける

level up シュート数を増やして得点力にアップにつなげる。シュート機会を逸しないためにも個々の選手がしっかりシュートテクニックをマスターする。

## 決定率よりも数を意識して どこからでもシュートを打つ

過去の日本代表チームは強豪国に対して接戦に持ち込むことがあっても、勝ちきれないゲームが続いていた。当初の課題となっていたのが「シュートの精度」。しかし海外の大きくパワーのある選手に対して、決定率をあげることは難しい課題ともいえる。

そこで日本独自の戦術として考案されたのが、パスラインディフェンスである。**この戦術はカウンターアタックを主眼においた攻撃的なシステムであり、チャンスがあればどこからでも積極的にシュートする。**決定率よりもシュート数を増やすことを意識し、数多くのチャンスの中から決めていこうとするのが最近の日本代表のスタイルだ。

## POINT ① 数多くのチャンスをつくり どこからでもシュートを狙う

ディフェンスを崩し、シュートを決めるためには得点パターンが必要。海外の強豪国はセンターフォワードにパスを集めるのに対し、日本代表は速攻とドライブから、数多くのチャンスをつくり、どこからでもシュートを狙うスタイルだ。

## POINT ② 選手全員がシュートに対して高い意識を持つ

水球はパスを回す競技ではなく、得点を競う競技。パスばかりに終始し、シュートに対して消極的ではできない。選手全員がシュートに対して高い意識を持ち、どんな状況でもシュートできる技術を身につける。

## POINT ③ シュートの球質を変えて得点を狙う

ディフェンスのハンドアップで空いているコースを狙うシュートが基本。ディフェンスの体勢やゴールキーパーの位置など冷静に判断する。シュートの球質も強く速いボールや水面でバウンド、相手の頭上を浮かせて狙うなど変化させる。

## +1 プラスワンアドバイス

### ポジションに特化したシュート技術を身につける

センターフォワードはディフェンスを背負った状態でシュートするため、特殊なテクニックが必要。ポジション1・5やセンターバックも積極的にシュートするために、多くのシュート技術を身につける。エース的なシューターに頼らないことが大事。

ワンモーションシュート

# 弾丸シュートでゴールを射抜く

level up
基本中の基本がワンモーションシュート。正確にコントロールされた強いシュートを身につけよう。

## ワンモーションシュートで最速のシュートを放つ

全身のバネを使って放つ強烈なシュートシーンは、水球最大の魅力。最速シュートのワンモーションシュートは、シュート技術の基本になる。

ボールを持った状態から、ボールの浮力も利用して身体を回旋させながらシュートする。右手でシュートをするときは、**左肩から右肩、右肘が一直線になると、打点を高く保つことができる。**

６ｍフリースローシュートでは、ワンモーションシュートを使うことが多い。全身の力を使った強いシュートを練習しよう。

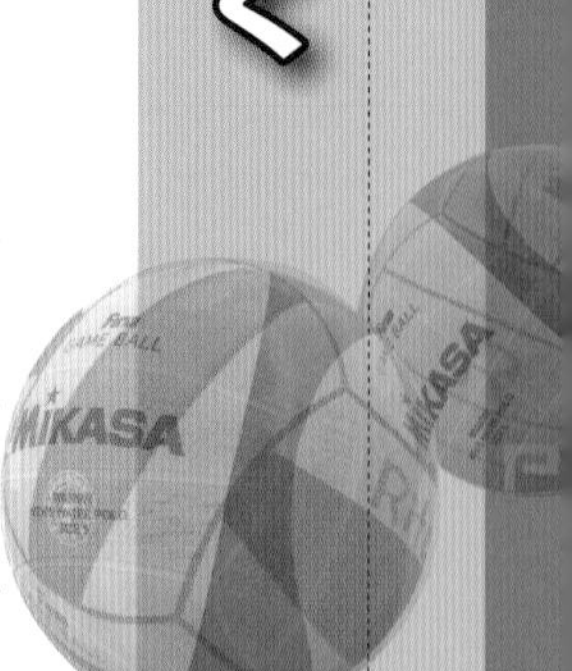

## POINT 1 ボールの浮力を利用して体を浮き上がらせる

蹴り足だけでなく、ボールの浮力を利用してできるだけ高く体を浮き上がらせることがポイント。リリースは、ボールの位置が最も高い位置。ときには、ゴールキーパーから見えないようにボールを隠すようなモーションのシュートも有効だ。

## POINT 2 高い打点からスナップを効かせてリリースする

基本のワンモーションシュートは、ボールを最も高い位置でリリースすることが大事。左肩と右肩、右肘が一直線になるイメージでリリースポイントを高くとる。リリースは、指先をボールにしっかりかけ、最後は手首のスナップを使うことがポイントだ。

## POINT 3 リリースポイントを変えてタイミングを読ませない

タイミングを読まれやすいので、リリースポイントを変えて、タイミングを少し遅くしたり、早くしてゴールキーパーの読みを外す。シュートが飛んでくるタイミングがわかりにくいとゴールキーパーは反応しにくい。

## +1 プラスワンアドバイス

### 状況によってモーションを使い分ける

ワンモーションシュートは、身体を垂直に水面から出すシュートだけではない。相手の脇下を覗き込むようにサイドスローで狙ったり、仰け反ってオーバーヘッドでシュートすることもある。状況に合わせて使い分けよう。

ドリブルシュート①

# ゴールキーパーとの間合いを考える

ドリブルはキックを強く打ち、
足が沈まないように気をつける。

## リフトアップを
## すばやくしてシュート

カウンターアタック中心のチームにとって、ドリブルシュートは必須のテクニック。ゴールキーパーと向き合った状態でシュートを確実に決められるようにしよう。

**ドリブルシュートは、ゴールキーパーとの距離間を考えることがポイント。**近づきすぎるとボールをカットされ、離れすぎるとシュートを止められる。自分の得意な距離をとってシュートをするよう間合いを測る。

ボールのリフトアップをすばやく行い、シュートの構えをとれば、追いかけてくるディフェンスにプレッシャーを掛けられることなくシュートができる。

シュートコースを瞬時に
判断する。

ボールをリフトアップしてから、
シュートモーションに入るまでを早くする。

## POINT ① ゴールキーパーの動きを見てシュート

体の周りにシュートを狙う。ゴールキーパーの動きを見て、空いているコースにシュートしよう。

## POINT ② リリースのタイミングをずらす

ボールをリリースするタイミングを遅くするのも方法のひとつ。頭の上のコースが空けば狙う。

PART 4

Water polo
コツ 26

ドリブルシュート②

# ゴールキーパーの頭の上を抜く

**level up** ドリブルシュートが決まらない！　このような壁にぶつかったときこそが、レベルアップのチャンスととらえよう。

動画をチェック

ボールを持った時、GK の体はまだ上がっていない。

ボールをリフトアップすると、GK も体を出して構える。

## リリースをワンテンポ待って頭上のコースが空くのを待つ

ゴールキーパーのレベルが高くなればなるほど、狙ったコースに正確にシュートするだけでは、シュートを決めることができなくなる。**自分のシュートモーションに対して、どのようなリアクションをしているのかをよく観察してみよう。**

シューターがボールをリリースするまでの間に、ゴールキーパーもシュートコースを予測して、体や腕を動かしてくる。リリースのタイミングをずらすなどして、意のままにゴールキーパーの動きを誘導できるようになると、頭の上のコースにシュートを決めることができる。

脇下にバウンドシュートすると
見せかけ、まだシュートしない。

シュートモーションに入り打点を高くすると
GK も飛び上がってくる。このとき、脇下の
シュートコースが空く。

シュートモーションに入った時には
無かった頭上のコースが空く。

手が下がったところで、
頭の上にシュートする。

# ドリブルループシュート
# 強いシュートと見せかけてループを狙う

強いシュートと同じ
シュートモーションで構える。

## シュートフェイクを入れるとより決定率がアップする

ゴールキーパーが前に出ている時にはループシュートを狙う。ループシュートでもフォームを緩めず、強いシュートと同じモーションでなければ相手に読まれる。ループしかないという体勢から、いくらシュートしても反応されて止められる。

得点するためには、**強いシュートと見せかけて、ループを狙う**。シュートフェイクを入れ、ボールを止めてゴールキーパーがリアクションしてから、ループシュートを打てるようになると決定率が上がる。

リリース直前にボールを
一回止めてからシュートすると、
対処できない。

## POINT 1 ゴールキーパーの頭上を浮き球で狙う

ドリブルに対してゴールキーパーが前に出てきたらループシュートのチャンス。浮き球で頭上を狙う。

## POINT 2 ギリギリまで強いシュートと同じモーションを心がける

シュートモーションのフォームが緩むと、相手に読まれるので注意。

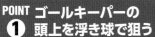

PART 4

Water polo
コツ 28

ハンドアップシュート①

# 相手のハンドアップを見極める

ドロップバックやゾーンディフェンスでは、ディフェンスはハンドアップして守る。

動画をチェック

## 相手のリアクションをチェックしてシュートを狙う

シューターはハンドアップでシュートコースを守るディフェンスに対して、ハンドアップをかわす技術を身につけておくとシュート決定率が大幅にアップする。

ハンドアップシュートをするときに大切なのが、**シュートフェイクに対して、ハンドアップしている選手がどうリアクションをしているのかを見極めること**。シュートフェイクに対して手を動かし、シュートコースを守る選手もいれば、動かさずにそのまま守る選手もいる。相手がどのようなハンドアップをするのか瞬時にチェックする。

## POINT ① ハンドアップの上から強いシュートを打つ

シューターは体を水面から最大限に浮かせて、ハンドアップの上からシュートすることができれば、ハンドアップをかわす技術は必要ない。ディフェンス側も体を浮かせなければ、シュートブロックができなくなる。

## POINT ② 相手の対応にあわせて空いたコースを狙う

シューターが体を浮かし、ボールを高い位置に持っていくとディフェンスも体を出して対応する。その時に左右のシュートコースが空く。特にディフェンスの脇下のコースは狙い目。サイドスローでのバウンドシュートや巻き込みシュートを狙う。

## POINT ③ ディフェンスの手が届きにくい顔と肩の間を狙う

ディフェンスがシューターから見て右寄りにポジショニングしていて、巻き込みシュートを狙うことが難しい場合は、オーバーヘッドスローで裏巻き込みシュートを狙う。ディフェンスの顔の左側と肩の間のギリギリが狙い目。

## +1 プラスワンアドバイス

### 相手がフェイクにあわせてきたらボールを止めてタイミングを外す

オーバーヘッドシュートに対して、ディフェンスが体を倒してシュートコースを塞いできたときは、ハンドアップ右側の上を抜くことができる。シュートフェイクでボールを一瞬止めたところから、手首のスナップを使ってリリースポイントを少し右側から行うのがポイント。

ハンドアップシュート②

# 相手の反応を見て右手のハンドアップに対応する

同サイドのコースが空いているように見えるが、相手がハンドアップを動かす可能性もある。

右手で同サイドのコースを守られている。

動画をチェック

## 右利きのシューターに対して右手でハンドアップされたとき

ハンドアップのやり方は人それぞれで、チームの方針によっても異なる。右利きのシューターに対して、左手でのハンドアップもあれば、右手で同サイド(※ボールマンに近いサイド。ストロングサイドとも言う。逆サイドはウィークサイド)のコースをブロックすることもある。

シューターは、相手がどのようなハンドアップでシュートコースを守ろうとしているのかを判断して、**バリエーション豊富なシュート技術で対応していく必要がある。**

ディフェンダーとシューターとの距離も大切なのでウォークなどの技術を使うことを頭に入れておく。

ボールを止めたところから、テイクバックせずに手首のスナップを使いシュート。

ボールをここで止める。このとき、ハンドアップが動かさないタイプだということをチェック。

## POINT 1 ウォークを使って相手との距離をつめる

ハンドアップとの距離を詰めるときはウォークを使う。いつでもシュートできるようにボールを水につけない。

## POINT 2 得意なシュートの間合いをとる

相手との距離が離れ過ぎていると、シュートブロックするディフェンスが有利になり、近過ぎてもディフェンスにアタックされる。

Water polo
コツ 30

ハンドアップシュート③

# モーションを工夫して相手の裏をつく

動画をチェック

シュートモーションに入ると
ディフェンスの体も出てくる。

この時点では、巻き込みのシュートが
狙えそうなイメージ。

## 空いていないシュートコースをテクニックでこじ開ける

シュートモーションで、ディフェンスやゴールキーパーの動きを誘導することができるというのは前述の通り。一見シュートコースがなさそうなときでも、**シュートモーションを工夫することで、自らシュートコースを作り出すことができる。**

「同サイドのハンドアップがあるからシュートできない」ではなく、シューターであれば、コースを自らこじ開けてでもゴールを狙いにいくべき。練習では色々なシュートにチャレンジして、どのシュートが効果的なのかを見極め、自分だけの得意技を習得しよう。

スナップを使い針の穴を通すようなコースをバウンドシュートで射抜く。

ゴール。

オーバーヘッドスローで裏巻き込みを狙う。

## +1 プラスワンアドバイス

普通に構えたシュートモーションからオーバーヘッドスローのシュートモーションになるまでをすばやくすると、ハンドアップがリアクションできない。ディフェンスが右手を上げた時の裏巻き込みは、空いてないように見えるが、実は狙えるコース。

# ハンドアップシュート④
# シュートコースを変えてクロスを狙う

体を左側に倒す

動画をチェック

同サイド（ゴール左）にシュートがくるとディフェンスとGKに思わせる

## 体を倒すことで相手の意識を同サイドへ向ける

体を左に倒して、シュートモーションに入ることで、ディフェンスとゴールキーパーが同サイドのシュートを予測する。リリースするときに手首だけでシュートコースを変え、クロスにシュートするとゴールキーパーの逆を突くシュートを決めることができる。

**シュートの際、リリースを遅くして、最後に手首のスナップを使い、シュートコースを変える技は、いろいろな場面で使える高度なテクニック。**ここでは、レフトサイドでのシュートを解説するが、センターフォワードや1・2番の選手たちも練習してみよう。

## level up リリースする瞬間に手首のスナップを使うことで、シュートコースを変えることができる技術を習得すると、シューターとしての幅が一気に広がる。

リリースする時に手首のスナップでクロスにシュート

シュートコースが空きゴールが決まる

### POINT ❶ 体を倒して相手を動かす

シューターが、体を左に倒すことで、ゴールキーパーが同サイドのコースを守るため、跳びつこうとしていることを確認。ゴールキーパーは右手のスカーリングを使って、右側に移動しようとしている。

### POINT ❷ 狙ったコースにシュートする

ディフェンスとゴールキーパーを意図的に動かすことができれば、あとは狙ったコースに正確にシュートする。角度のない所からクロスにシュートするときには、ゴールポストギリギリを狙ってみよう。

PART 4

Water polo
コツ 32

センターフォワードのシュート

# ゴールキーパーの意表を突くシュート

バックシュート
手のひらと手首でファンブルしないように
ボールをロック。
腕は水面に平行になるように構える。
動画をチェック
肘が先に動き出すように、
腕を後ろ向きに振り切る。
体を回旋させることで、
ボールに勢いをつける。


## ゴールを背にしたときのシュート技術をマスターする

センターフォワードの選手がゴールに背を向けて構えているときは、他のフィールドプレーヤーとは違ったシュートが必要だ。バックシュートやフックシュート、寝返ってシュートといった技術を身につける。

ゴールの位置と、自分の位置を常に確認し、狙ったところにシュートできるように練習する。**ゴールキーパーが反応できないようなタイミングでシュートできるようになると、得点力がアップする。**

バックシュートは手のひらと手首でボールをロックし、ゴールを見ずに、体を回旋させながら腕を後ろに振り切る。

## フックシュート

## POINT 1 フックシュート

フックシュートは、斜め下からボールを水面からすくい上げるように手のひらに乗せ、体を回旋させながら腕を振り切る。ボールに触れてからシュートするまでをすばやくすると、ゴールキーパーが反応しづらくなり、決定率が上がる。

## 寝返ってシュート

スナップでシュートコースを変える。

## POINT 2 寝返ってシュート

寝返ってシュートするときは、ボールを上から握って、仰向けに寝返るようにして、ゴール方向を向いてシュートする。寝返ったときに、ゴールキーパーがどのようにリアクションしているのかをよく見てシュートコースを決める。

COLUMN

## プレッシャーのかかるペナルティーシュートを冷静に決めるポイントは？

５ｍの距離からＧＫと1対1でシュートするペナルティーシュート。多くの選手や指導者は、ペナルティーシュートは確実に得点できると思っている。しかし実際は、チームで一番得点力のあるエースでも、「ペナルティーシュートは苦手」という選手がいる。「絶対に決めなきゃいけない」「決めて当たり前」といったプレッシャーに押し潰され、冷静さを欠くこともある。しかし、「ペナルティーシュートは難しい」「決めたらすごい！」と、チームの思考を変えると、シューターはプレッシャーを感じることなく、冷静にシュートできる。

ワンモーションシュートに限定されるが、その中でも、ゴールキーパーの動きをしっかりと観察することがポイントとなる。ＧＫの頭の上、体の周り、コーナーなど空いているシュートコースが必ずあり、ＧＫが先に動くケースもある。ワンモーション中に空いているコースが見つけられなかったら、「右上のコーナーにシュート！」というように、迷った場合どこに打つかを決めておくことも決定率を上げるコツだ。

PART

# 5

# 1on1を制して最強プレーヤーになる

PART 5

Water polo
コツ33

1on1の重要性

# スピードと駆け引きで1on1で勝つ

## オフェンス・ディフェンス両面で1on1を優位に進める

日本代表のスタイルは、センターフォワードだけなく、外周の1番から5番の選手たちも積極的にドライブやカットインでチャンスを演出する。

そのためには1on1の攻防は体の小さい日本人選手の生命線であり、力技やスタンディングだけでなく、**スピードと俊敏性のある動きで相手に勝つことが求められる**。オフェンス時はもちろん、ディフェンスとして相手をマークするときも1on1の強さ、駆け引きが必要となる。個々の局面の優劣がチームの勝敗のカギを握る

## POINT ① まわし込みで相手をかわしてチャンスメイク

ボールを保持しているときの「まわし込み」は、必須のテクニック。内まわり・外まわりともにマスターする。まわし込んでからすばやい泳ぎで相手をかわし、次のオフェンスプレーにつなげる。センターフォワードは一気にシュートまで持っていく。

## POINT ② ボールを持たない選手が動き出して相手を崩す

カウンターは、スピードある泳ぎで相手ゴールに迫る。ポジション1の「リードブレイク」でオフェンスをけん引する。また味方選手にパスをしてからスイムで抜け出す「パス&ゴー」も有効なテクニックだ。

## POINT ③ 味方を壁にして泳ぎフリーになる

複数の選手が密集しているエリアでは、味方選手を壁にしてマークの動きを抑え、スイムでフリーになることができる。「クロス」はバスケットボールのスクリーンプレーの要素を取り込んだプレー。味方同士のコンビネーションで相手を抜き去る。

## +1 プラスワンアドバイス

### ディフェンス面でも1on1で優位に立つ

1on1はオフェンスシーンだけとは限らない。相手をフリーにさせず、体を前に入れていくのがディフェンスの基本。引き足やバックターンを使い、相手をフリーにさせないことが大切だ。ゴールキーパーも含めた1on1の強さ、駆け引き、スピードで相手を上回る。

# ディフェンスをまわし込んでゴールをこじ開ける

1on1のオフェンスまわし込み

シュートを狙ってディフェンスがアタックしにきたところをまわし込む。

## 難しいシュートではなくまわし込んでチャンスメイク

水球では、サッカーやバスケットのように1対1で相手を抜きさることが難しいが、まわし込みの技術を使えば、相手の前に入りシュートチャンスを作ることができる。

シュートをしようと構えると、ディフェンスがアタックしてくる。このようなときは、**アタックされた状態での難しいシュートではなく、そのアタックをかわしながらまわし込みを行う。**

相手が左右どちら側、どちらの手でアタックに来ているか見極め内側・外側の回し込みを工夫するとよい。うまく相手の前に入り込むことができれば、シュートチャンスにもなり、退水やペナルティーを誘発することもできる。チャンスがあれば、積極的にまわし込みを使ってみよう。

相手の前に入りこみゴールに向かう。

左手を相手の脇の下に差し込み、
ボールが相手から届かないようにする。

## POINT ① ファウルに注意してまわし込む

相手の体の上に乗り上げていくと、コントラファールとなる。必ず、相手の脇の下に左腕を差し込む。

## POINT ② まわし込んだ後は足を前方にして構える

まわし込んだ場所がゴールに近ければ、足が前方にくるように構え、相手がボールにさわれない距離をとる。ゴールから離れていればドリブルする。

オフェンス　パス&ゴー

# パスしてからまわし込む

パスもしくはシュートフェイクで
相手を引き寄せる。

## 「ワン・ツー」パスを使って相手より先に出る

サッカーのワン・ツーパスのように、ボールを保持した状態でディフェンスにアタックされた時にパスして、相手をまわし込み、泳いで再びパスを受ける。

**前に入ることができれば、大きなチャンスになる。このテクニックを「パス&ゴー（パスゴー）」という。**

ボールを保持したまま、まわし込んでチャンスをつくる技術もあるが、パスゴーのほうが難易度が低い。ノーボールなのでディフェンスはオフェンスの動きを妨害することができないからだ。退水の誘発にも繋がるので、パス&ゴーを有効に使い１on１で優位に立とう。

アタックにきたところで
味方にパスを投げる。

左腕を相手の左脇に差し込んで
インサイドに入る。

前に入りゴールに向かう。

再びパスを受けて
シュートを狙う。

## POINT 1 オフェンスは意図的に体勢を悪くする

ボールマンの体勢を見てディフェンスは安易にアタックにくる。ボールギリギリのところまでアタックさせることで、パス＆ゴーでノーマークになりやすくなる。

## POINT 2 パス後の動き出しでフリーになりチャンスメイク

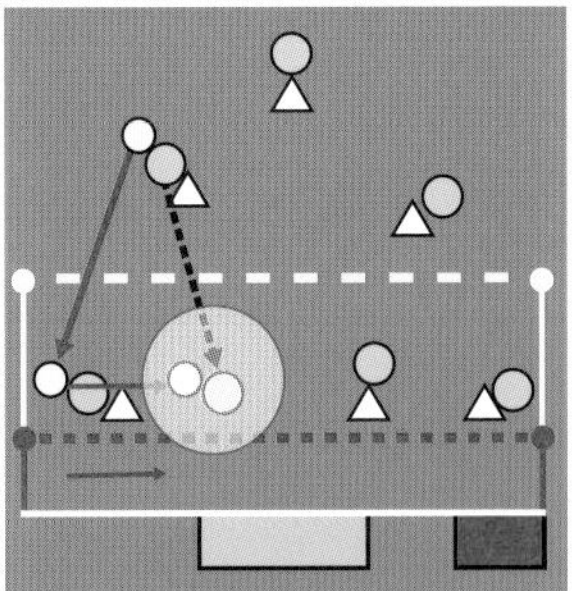

（例）２番からパス＆ゴーをするとき、1番にパスして、空いているスペースへ泳ぎこみ再びパスを受ける。

# 前に入られないようインサイドをキープする

1on1のディフェンス

リバーススカーリングを使いオフェンスを前に行かせない。頭の位置を合わせて、インサイドをキープ。右手を使って相手との間合いをとる。

## インサイドをキープしながら相手オフェンスを警戒する

インサイドプレスディフェンスでは、ドライブに対して、オフェンスの選手をインサイドに入れないようにディフェンスする。

**相手と対峙しながら、できるだけスパイダーポジションを崩さないようにして守ることを心がける。**ドライブしてくる相手に、体が密着しすぎると掴まれてまわし込まれたり、退水を誘発されたりする。一定の距離を保ちながら相手の動きについていこう。

まずは、リバーススカーリングでマークし、前に入られそうになったらストロークを使う。それでもダメならバックターンでインサイドを死守しよう。

**level up** パスラインディフェンスでは、あえてゴール前のエリアにドライブさせたり、ドリブルさせることもあるが、インサイドプレスのディフェンスは相手に前に入られないことがポイント。

スパイダーポジションを崩さない。

引き足とスカーリングを使いついていく。

リバーススカーリングで追いつかないときには、
クロールのストロークを使い相手を前に入れない。

右手を相手のインサイドに入れる。

再びインサイドに戻る。

## バックターン

動画をチェック

クロールのストロークを使っても、
相手に前に入られそうになった場合は、
バックターンを使いインサイドをキープする。

頭のラインを超えられた。

バックターンを使う。

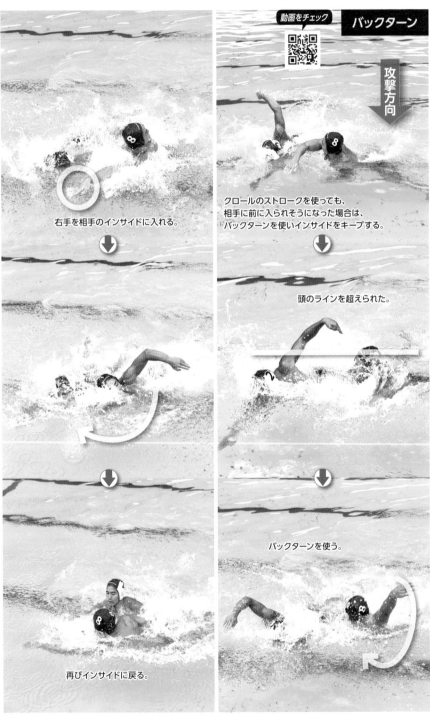

# クロスやスクリーンを駆使して突破する

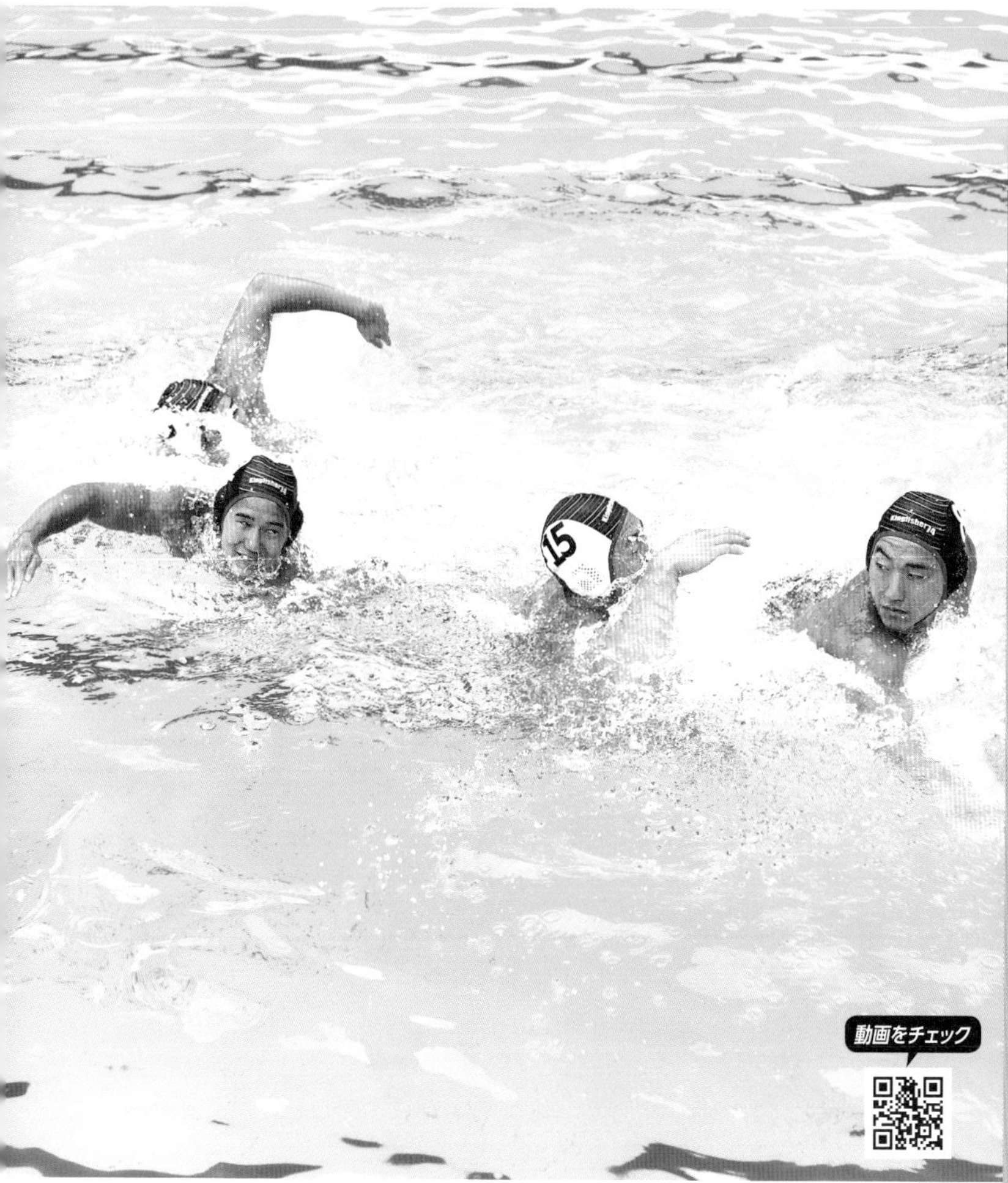


## ユニークなクロスを考えてチームの戦術に活かす

１on１でインサイドディフェンスを打破して、チャンスメイクすることが理想だが、相手が強くなればなるほど、構えられたディフェンスを崩していくのは難しい。

ヨーロッパの強豪国が集まる世界大会では、身長２m体重１００kg級の相手と戦うことになる。そのようなときは、**仲間と協力してクロスやスクリーンを使ってディフェンスの壁を打ち破ろう。**

ここでは、基本的な横クロス、縦クロス、スクリーンを解説。息の合う仲間と、オリジナルのクロスの技を考えて使ってみるのも良いだろう。２人だけではなく、３人、４人でクロスを仕掛けるのも面白い。

縦クロス
①
攻撃方向
②
②が先に泳ぎだす。
②が①の DF の
後ろに泳ぐ。
②が①の DF を
ブロックして①が
泳ぎだす。
2 対1ができる。

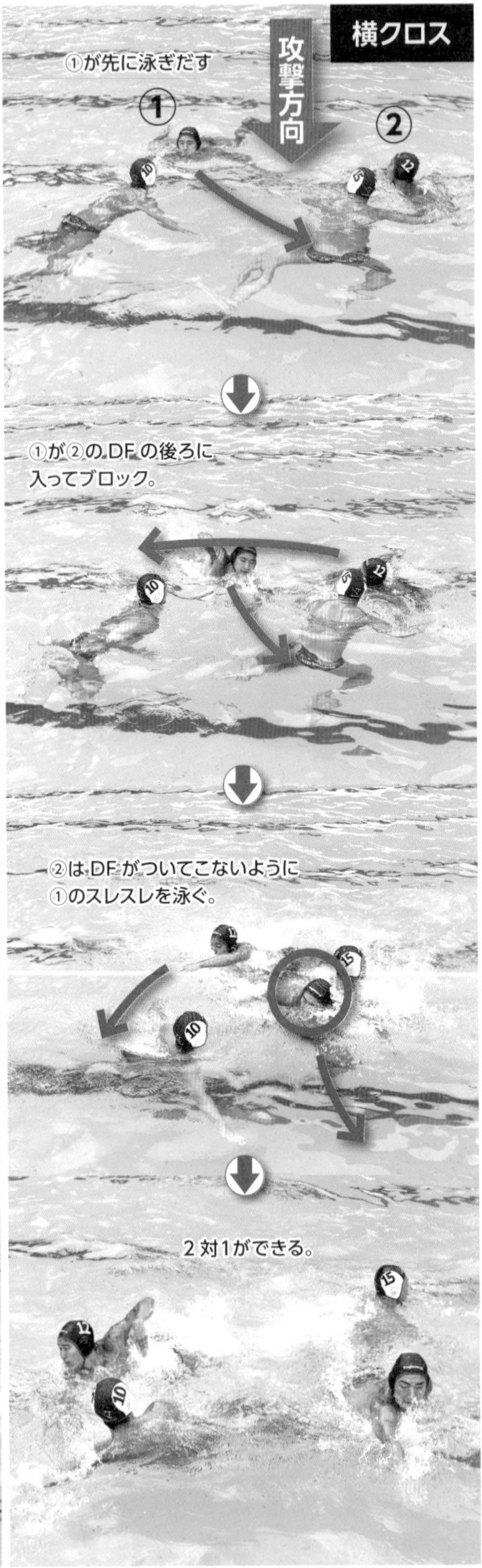
横クロス
①が先に泳ぎだす
①
攻撃方向
②
①が②の DF の後ろに
入ってブロック。
②は DF がついてこないように
①のスレスレを泳ぐ。
2 対1ができる。

スクリーン&クロス
攻撃方向
①
②
①が②と②の DF の
間に泳ぐ。
②は①の背中の後ろに
入り再び①の DF の後
ろに泳ぐ。
②は①の DF をブロック。
①は②の後ろを泳ぐ。
①がフリーになる。

スクリーン
攻撃方向
①
②
①が先に泳ぎだす。
①が②と②の DF の
間に泳ぐ。
②は①の背中の
後ろに入る。
②がフリーになる。

# 腕や体を使って相手をブロックする

## センターフォワード①ポジショニング

センターバックの脇の下に、
腕を差し込むようにポジショニングする。

動画をチェック

### センターバックとのポジショニングで負けない

センターフォワードで重要なことは、アウトマークに出てこようとするセンターバックとのポジション争いに負けないこと。

センターバックは、ゴールに一番近い位置にいるセンターフォワードにパスが入らないように、ディフェンスする。アウトマークに出てこようとする相手を、腕や体を使ってブロックする。

センターフォワードは、体を回転させるなどして、**センターバックとできるだけ密着するようにすると、パスがきたときに、相手を離してシュートすることができる。**

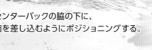

## POINT ❶ 水面下でうまく腕を使って相手をブロックする

センターフォワードの腕が水面から出て、センターバックの体の上から乗っかるようにポジショニングするのはNG。これではコントラファールを取られてしまう。水面下でうまく腕を使いブロックできるように練習しよう。

## POINT ❷ 相手の動きにあわせてポジショニングで勝つ

正面を向き合ってポジショニング。

動画をチェック

相手の腕を軸にして体を回転させながらポジショニング。

バックの胸とセンターの背中を密着させる。

密着したら脇の下に腕を差し込み、アウトマークに出られないようにブロック。

バックとセンターの間が密着していないと、パスがきたきたときに、アウトマークに出られボールを奪われるリスクが高くなる。

センターバック①ポジショニング

# ボールのある位置にあわせてポジショニングする

外周の選手がパスを出しづらくするために、手を上げてプレッシャーをかける。

## フットワークを駆使して守る

センターバックの役割は、センターフォワードからゴールを決められないように守ること。外周（1番から5番）のパスに合わせて、センターフォワードの周りを動き回り、パスを供給されないように努力する。

**外周を守るディフェンダーやゴールキーパーと連携することもポイントだ。**腕のつかみ合いや体のつかみ合いなど、激しいポジション争いで動きを封じ込められないように、フットワークを駆使してセンターとの距離を保つ。

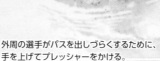

## POINT ① 外周のボールに位置によって パスの通らないポジショニングをする

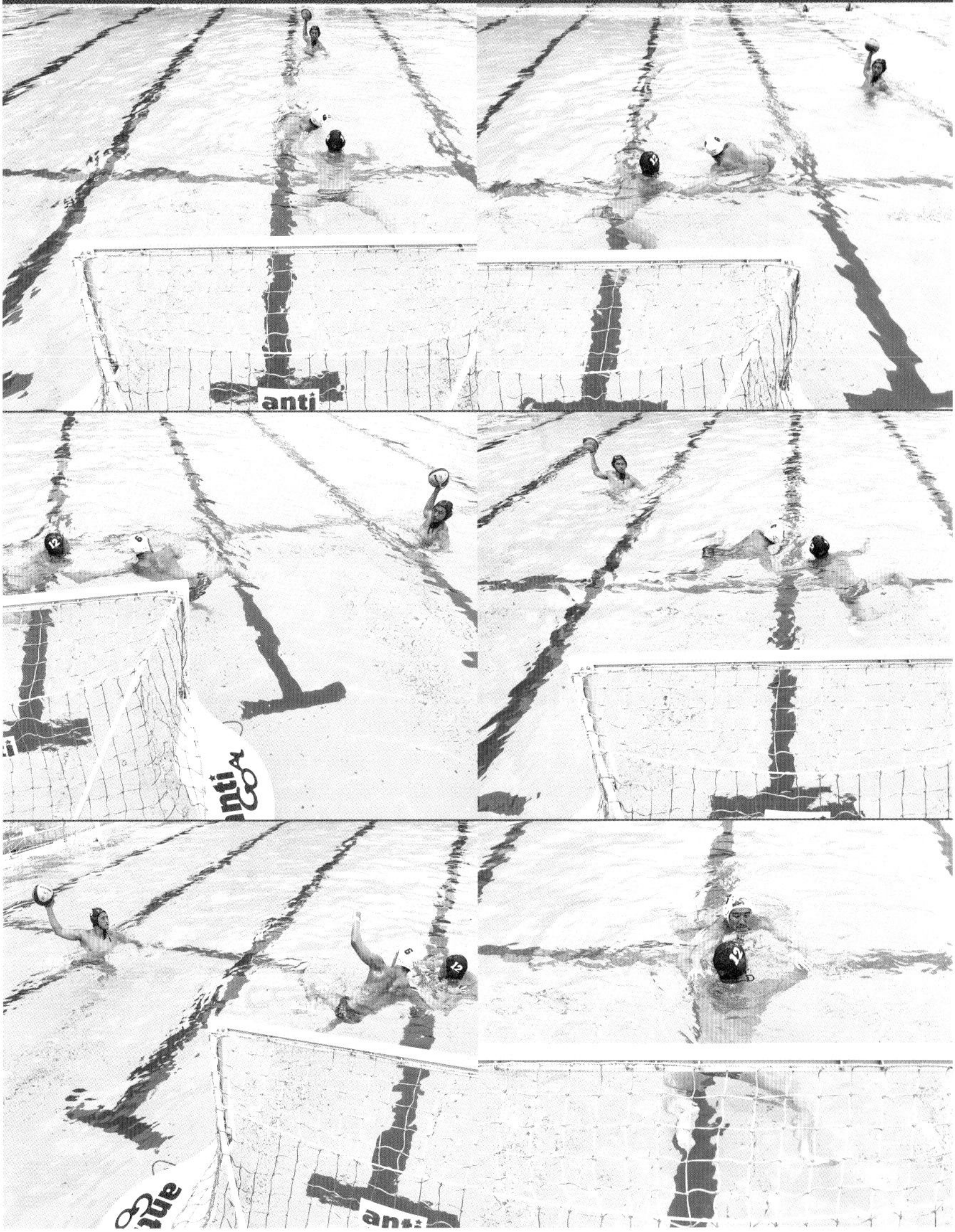

ボールが5番にあるときは5番サイド、4番にあるときは4番サイド、というように、ボールの位置に合わせて移動し、パスが通らないようにポジショニングをする。移動中もセンターフォワードだけに目を向けず、ボールの位置を確認する。

試合の状況によっては、インサイドマークをすることもあるが、できる限りアウトマークでセンターフォワードから得点されないように頑張る。

## POINT ② センターフォワードの脇下に手を入れて横移動をすばやく

インサイドから外周のパスに合わせて移動する。ボールがある方に、頭と手を出し、パスを出しづらくしてプレッシャーをかける。このとき、センターの脇の下に手を入れて、手の力と足の動き両方で横移動する。移動後は、再び頭と手を出す。

動画をチェック

## POINT ③ 相手につかまれたときはバックターンで振りほどく

バックターンを使って横移動する。センターの背中にバックの背中を回し当てるように、バックターンする。相手に水着や腕をつかまれたときは、自身の体を回転させることで振りほどくことができる。

動画をチェック

## POINT 4 ストロークを使って動きまわる

クロールの小さいストロークをかいて移動する。小さくストロークを使うことにより、つかまれにくくなる。常に相手との距離（肘から手までが目安）を保ちながら、フットワークも使い動きまわる。

動画をチェック

## +1 プラスワンアドバイス

### 相手とのつかみ合いに勝ってポジショニング

ゴールに一番近い位置にいるため、激しいつかみ合いが繰り広げられる。センターバックは、腕を押さえ込まれないよう、つかまれそうになったら振りほどき、センターとの間合いを取る。センターフォワードの背中とセンターバックの胸が合うと身動きがとれなくなるので気をつける。

# ゴールキーパー①ポジショニング

# ゴールキーパーの活躍がチームを勝利へと導く

ゴールマウスの正面、左右などあらゆる方向に飛びつくことができるようになろう。

動画をチェック

## キーパーのセーブが攻守の切り替えになる

試合中で唯一、両手を使ってボールに触れることが許されているゴールキーパーは、まさにディフェンスの要。誰よりも練習に打ち込み、チームメートから信頼される選手になろう。

3−2や2−1の少人数カウンターアタックを出されて**決定的なピンチでも、最後まで諦めずにシュートをセーブしにいく気迫が大切だ。**

ゴールキーパーのナイスセーブは、チームに勢いをもたらし試合の流れを劇的に変える。守備面で大きなミスが出ても、最後にゴールキーパーがセーブすれば攻防が切り替わりカウンターのチャンスが生まれる。

## POINT ① 状況に応じて動き出せる構えをしておく

シュートをセーブするだけでなく、ゴールマウスを空けて前に飛び出して、ボールスティールを狙いに行くことも大きな役割。的確な状況判断で動き出せるような構えを常にとっておこう。水面近くでスカーリングをして、いつでも瞬時に手を水上に出せる準備をしておくことが大事。

## POINT ② 正しいポジショニングを確認しポストとの距離感をつかむ

ゴールポストに軽く触れて、自分の位置を確認する。フィールドプレーヤの方ばかりを見ていると、自分の位置がわからなくなることがある。正しいポジショニングをするためにも、ゴールポストとの距離感をつかむ。

## POINT ③ シューター心理を理解してゴールを守る

ゴールマウス全てを守ることが理想だが、まずは同サイド（シューターに近いサイド）のシュートを絶対に決められないようケアする。シューターは、同サイドのシュートの方が簡単。逆サイドへのシュートは、距離が長くなる分、難しくなることを理解しておこう。

# 前に出ても後ろをケアできるポジションをとる

## ゴールキーパー②ループシュートの止め方

動画をチェック

ループシュートがきたら
後方に下がりはじめる。

左手で水を叩き、
体が沈まないように支える。

左手を水面から抜いて
右手でセービングする準備をはじめる。

右手を高い位置まで出して
ループシュートをセーブする。

### ポスト真下より前に出た方がシュートアングルは狭くなる

シュートコースを防ぐためには、ゴールポストの真下にポジショニングをするよりも、少し前に出てアングルを狭めたほうが、シューターから見えるコースも狭くなり、シュートが難しくなる。

しかし、前に出すぎてしまうと、ループシュートのリスクが高くなる。**ループシュートにも対応できる位置でポジショニングしよう。**ゴールキーパーから見て左手側へのループシュートは、左手でセービングするのではなく、左手を水面から抜いて後ろに下がりながら、右手でセービングするのがポイントだ。

PART

# 6

# スピードを生かした戦術で勝つ

# ディフェンスからの速攻でチャンスメイク

## チーム全員が連動するか個が強さを発揮するか考える

チーム全体を機能させるためには、選手全員がどのようなディフェンスでボールを奪い、オフェンスにつなげていくか考えなければならない。**特に日本代表チームは、パスラインディフェンスという攻撃的システムを導入しているため、選手の意思統一は不可欠だ。**

他の球技と同様に水球も、ボール保持者とゴールの間（インライン）にディフェンスの選手が入り、シュートコースを制限し、オフェンスをインラインに入れないようにするのを基本としている。強豪国の多くは、センターフォワードにパスを集め、退水のオフェンスでゴールを奪うという守備的な戦い方をしている。「個」の強さを全面に押し出した戦術といえる。

## POINT 1 試合展開や状況によってディフェンスのシステムを変える

ディフェンスシステムには、パスラインを筆頭に、インライン、ゾーン、ドロップなどがある。日本代表チームは、1試合を通じてパスラインディフェンスで戦うことを基本にしているが、試合展開や駆け引きのためにシステムを使い分けるときもある。

## POINT 2 守備から攻撃への切り替えを早くしてチャンスメイク

いかに相手陣内で数的有利な状況をつくるかによって得点確率は大きく変わる。数的有利な状況には退水やドライブなどがあるが、最も効果的なのはカウンターアタック。仮にディフェンスが戻ってきても、アーリーオフェンスも可能となり主導権を握ることができる。攻防転換時が数的有利を作り出す最大のチャンス。先を読み、神経を研ぎ澄ませて思い切り抜け出そう。

## POINT 3 ディフェンスが守りを固めたらセットオフェンスで攻める

センターフォワードを軸に、オフェンス構築するチームは、攻撃にスピードがない。ディフェンスがしっかり帰陣し守りを固めたら、セットオフェンスの展開となるので、1on1やクロスなどを使ってディフェンスを崩す。

## +1 プラスワンアドバイス

### 数的不利な退水を全員で守り切る

セットディフェンスではパスを供給させないように、プレッシャーをかけ続けるノーファールプレスを使うが、相手にチャンスメイクされ退水することもある。数的不利にはなるが、全員で協力して20秒間を凌ぐ。

コツ 43

パスラインディフェンス

# スピーディーで攻撃的なオフェンスでゴールを奪う

## ポジショニングのリスクを粘り強い守備で防ぐ

パスラインディフェンスは「ゴールを守るのではなくパスを供給させない」ことがコンセプト。インラインではなく、パスラインにポジショニングするため、インラインをノーマークにするリスクを負うが、強力なスタンディングシュートをさせないメリットもある。**豊富な運動量と駆け引きで粘り強く守り、速攻を狙う超攻撃的システムだが難易度が高く、全員が連動しないと機能しない。**

しかし、相手がパスやシュートをミスすれば高い確率でカウンターアタックが出現するため、ディフェンスリスクを負う価値は十分ある。パスラインポジションから攻撃に転じれば相手よりも先にゴール前まで迫り、数的有利な状況を作り出すことが容易になる。

これまで、攻防転換で数的有利を作り出すのは選手の読みや状況判断頼みだったが、このシステムはそれを機械的にした。捨て身の戦術ではなく計算され尽くされたシステムなのだ。

## POINT 1 相手の背後から粘り強く守る

ボール保持者の体ではなくボールにアタックし（右手でボールを持っているなら右手でアタック）、ノーファウルでプレッシャーをかける。左手でのアタックや体へのアタックはファウル判定され時計が止まり、フリースローを与えるので要注意。ファウルは相手に攻撃時間を献上することと同じことだと認識する。ゴールから離れたポジション（2,3,4番）では相手の背後まで回り込み、あえて回し込ませてゴール方向へ行かせる。ボール保持者の心理としては、背後のディフェンスにプレッシャーを感じるだけではなく、前方のディフェンスやゴールキーパーが待ち構えている狭いスペースに進むことになり困難な状況だと考えるのだ。

## POINT 2 ボールマンとセンターフォワードのパス交換を寸断する

いかに相手に難しい体勢でシュートを打たせるかがポイント。センターフォワードにパスされないよう、ボールマンをセンターフォワードが見えない角度に追い込んでいく。ドリブルやまわし込みに対してはヘルプが入りシュートミスを誘う。

## POINT 3 ヘルプディフェンスでしのぎカウンターに転ずる

決定率の低いエリアでは、大胆な駆け引きでシュートミスを誘発する。まわし込んでドリブルされたらヘルプ対応し、難しい状態でシュートさせ、シュートミスをきっかけにディフェンスの数的不利からオフェンスの数的有利につなげる。

## +1 プラスワンアドバイス

### ゴールキーパーのフィードから攻撃に転ずる

難しい状態からのシュートはそう簡単には決められない。自チームのゴール攻撃に切り替わったら速攻で数的有利を生み出す。カウンターアタックで一気に攻め込みアーリーオフェンスを仕掛け、積極的にシュートするスピーディーなオフェンスを展開する。

パスラインディフェンス②

# パスラインディフェンスのポジショニングを理解する

**level up** パスラインディフェンスが狙う攻撃の形をイメージしたら、相手オフェンスに対してどのようにポジショニングするのか確認しよう。

オフェンス

ディフェンス

ボール

パスライン

ノーファールプレスで、5 番にパスさせない。6 番のシュートはスティールを狙う。

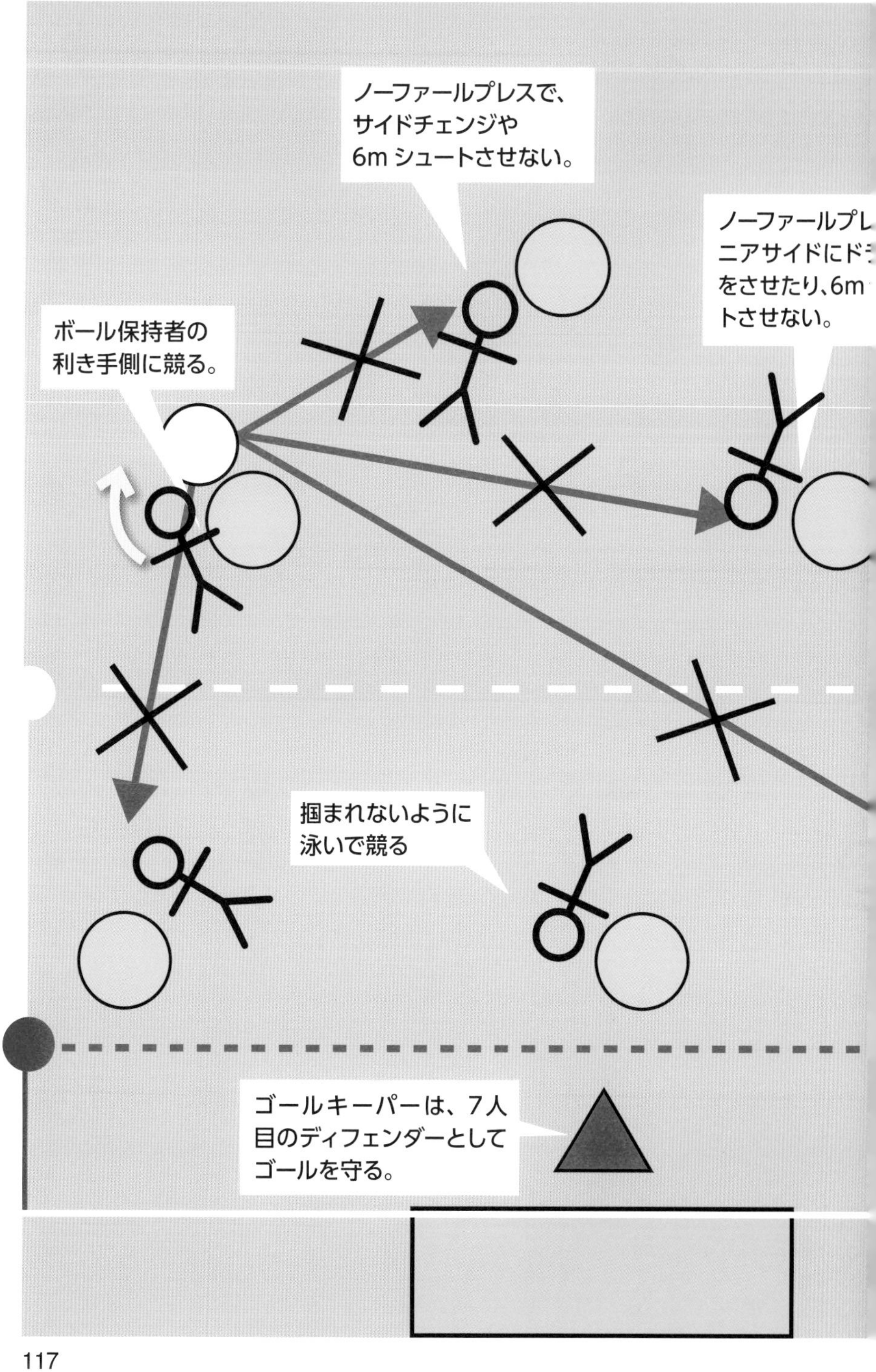
ノーファールプレスで、サイドチェンジや6m シュートさせない。
ノーファールプレ
ニアサイドにド
をさせたり､6m
トさせない。
ボール保持者の利き手側に競る。
掴まれないように泳いで競る
ゴールキーパーは、7人目のディフェンダーとしてゴールを守る。

カウンターアタック

# スピーディーなオフェンスでゴールを奪う

## ゴール前で数的有利な状況をつくる

カウンターアタックは数的有利な状況を作り出すことで決定率の高いシュートチャンスを生み出すことができるため、日本代表が最も重きを置いている戦術。

これまでは前線の選手が左右の両リードブレイクを引くことをセオリーとしていたが、左のリードブレイクのマークが後方から抜けてくる選手の邪魔となり、シュートチャンス潰すケースが多くなるため、**左には行かずに、極力右に流れて後方の選手は左ポスト前に向かい、素早く右前方へパスしボールを先行させる。**

**パスを受けた選手は「マークがアタックに来ない時」と「自分より前線に味方がいない時」はドリブルで積極的にゴールへ向かう。「自分より前方に味方がいるときはドリブルではなくパス」が原則。**GKからのパスをハーフライン手前までに受け、リードブレイクに10秒以内に展開、15秒以内にシュートチャンスを作る。

Water polo
コツ 45

アーリーオフェンス

# アーリーオフェンスでテンポを落とさない

## 相手が戻り切らないタイミングは アーリーオフェンスのチャンス

カウンターアタックでシュート局面まで持って行けず、相手がほぼ帰陣している状況でもカウンターの早いテンポを落とすことなく、一気にアーリーオフェンスで攻め込む。ディフェンスが戻っているとはいえ、まだ守備陣形が整わないこの時間帯は、退水やペナルティーの誘発、シュートチャンスが十分にある。

カウンターアタック後の10秒は、１ｏｎ１を積極的に仕掛けてゴールを狙う。**インサイドまで相手が戻ってディフェンスの構えができていないときに、ドライブやパスで崩しシュートを狙う**。この機を逃せば、ディフェンス陣形が整った状態で攻め込まなければならなくなるので難易度が上がる。

# リードブレイク

# リードブレイクですばやく前線にボールを運ぶ

ボールを先行させることでディフェンスもボールに視線を向けるため、ディフェンスの構えがとりづらくなる。右利きの選手が多いため、右サイドの 2m までボールを早く展開する。

## カウンターアタック成功のカギとなるリードブレイク

カウンターアタックを成功させるためには、攻守が切り替わった直後にゴールキーパーからすばやくパスを受け、前線に運ぶことが必要だ。

前線で数的有利の状況をつくっても、肝心のボールが後方にあっては、チャンスにパスするのが難しくなる。

**1、2番の選手は、攻撃のテンポをあげるためにも、リードブレイクでチームに勢いをつける。**ボールをコートの右奥のスペースでつなぐことにより、他の選手もトップスピードで、ゴールに向かうことができる。

## POINT ① 「く」の字に泳いでパスを受ける

頭の位置がディフェンスよりも前に抜けているときは、
体を寄せて相手の前に入り込み、「く」の字に角度をつけてパスを受ける。

## POINT ② 90 度の角度をつけてパスを受ける

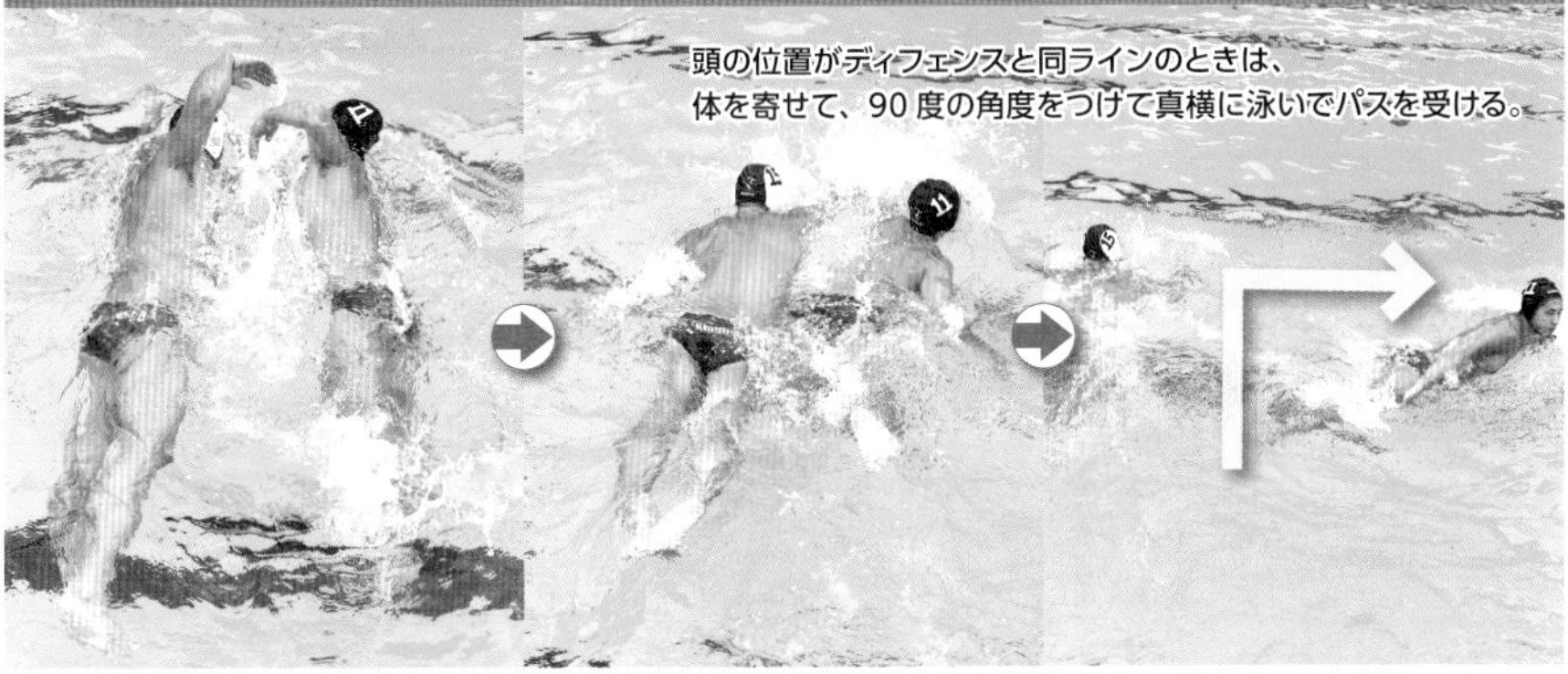

頭の位置がディフェンスと同ラインのときは、
体を寄せて、90 度の角度をつけて真横に泳いでパスを受ける。

## POINT ③ V 字を描いてパスを受ける

頭の位置がディフェンスよりも後方にあるときは、
引き足を使って急ブレーキをかけ、V 字に泳いでパスを受ける。

カウンターディフェンス

# 状況判断しながら仲間と連携する

## 声を出して仲間と連携することが重要

相手ボールになったら自分のマークだけではなく、逆サイドとゴール前の状況を見てアウトナンバーの有無を確認する。**最初の10ｍで状況を判断し、中盤の10ｍで仲間と連携しディフェンス体型を整える。**

ボールを早く展開され自陣10ｍ内でディフェンス体型を整えるような状況になると後手になり失点につながる。そのためＧＫからの1投目にはプレッシャーをかけスピーディーなパス展開を防ぎ、アウトナンバーのラインを考えてプレスかエリアにするのかを判断、抜かれている選手がどこでどのマークを追いかけるか等を中盤までに状況判断するために声を出して仲間と連携することが重要。

PART 6

Water polo
コツ 47

# インラインディフェンス
# 相手とゴールの間に入りポジショニングする

## コースに入って守り 相手にシュートを打たせない

インラインディフェンスは、基本のディフェンスシステムといえる。

オフェンスは通常、ゴール前のセンターフォワードを中心に、他の選手が半円形に並んでいる。そこからパスを回しながらシュートチャンスを狙うため、**ディフェンス側の選手は、シュートを防ぐために相手とゴールの間にポジショニングする。**オフェンスは前にディフェンスがいるため、なかなかシュートコースを見つけることが難しい。

オフェンスに切り替わったときに速攻の状況をつくりにくいというデメリットもある。

Water polo
コツ48

ゾーンディフェンス

# センターフォワードからの失点と退水を防ぐ

## 相手センターフォワードにパスさせない

ゾーンディフェンスはセンターフォワードをダブルチームし、ほかのオフェンスの間にポジショニングする。ゴール前からの失点や退水の誘発を防ぐメリットはあるがインラインにポジショニングするため速攻が出しにくい布陣となる。

日本代表ではパスラインディフェンス同様オフェンスラインより前に位置し、カウンターを出しやすく攻撃的なディフェンスと言えるポストディフェンスも戦術として取り入れている。ミドルシュートに対してはハンドアップとゴールキーパーとの連携が重要でありゴールキーパーの高い能力とハンドアップ技術が必要となる。

PART 6

Water polo
コツ 49

ドロップバックディフェンス

# 縦に上下してゴール前をケアする

## ゴール前を固めて センターフォワードに仕事をさせない

ドロップバックディフェンスは、プレスのディフェンスを基本とし、2番と3番の選手がインラインを縦に動いて、ゴール前をケアする。センターフォワードにパスが渡ったら、2番か3番は縦に下がってヘルプに入る。

ほかのディフェンスは、パスがこないようにプレスを続け、2番と3番は本来のマークする選手がボールを持ったらハンドアップで間合いをつめる。

ゴール前の失点を防ぐ戦術で、海外の強豪チームが取り入れる布陣だ。**守備をしっかり固め、オフェンスになればセットオフェンスで攻めるシステムのチームに適している。**

Water polo
コツ50

退水時のオフェンスとディフェンス

# 攻撃枚数の違いを理解してプレーする

## 数的にはオフェンス有利
## ディフェンスは人ではなくエリアを守る

外周1から4がノーマークになるので常にシュートを狙い高いハンドリング技術を駆使し相手陣形を崩す。退水のシステムは数多くあるが一例として順ローテーション（反時計回り）では3番は真ん中まで移動して4・5のシュートチャンス、逆ローテーションでは2番が真ん中まで移動1・6のシュートチャンスを演出する。ポストの5・6番を活かす1・4番の2m切り等もある。1列目（1・6・5・4）が一直線にならないように5・6は常に動くことが重要となる。自分たちのチームの特性を活かして自チームのオリジナルフォーメーションを作ってみるのもよい。**退水判定直後の相手の守備陣形が整っていない最初の5秒がチャンスとなる。セットしてからゆっくりパスではなく素早くシュートを狙う。**

数的不利なディフェンスは人を守るのではなくエリアを決めてゴールを守る意識を持つ。5・6をノーマークにせず、外周からシュートさせないということよりいかに難しい状態で打たせるかということが大事。相手がローテーションしてきた際は2・3番のポストより外側へ出ていくマークへは付いていかず中を守る。多くのハンドアップとGKを抜いてゴールすることは安易ではない。危険度は5・6→真ん中へ移動した2か3→1・4の順で考えると良い。

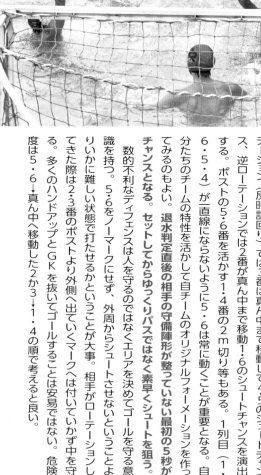

## 監　修　者

### **大本洋嗣**（おおもとようじ）

日本体育大学体育学部教授
　1967年千葉県生まれ。市立千葉高校から日本体育大学へ進学。同大学院修士課程修了。
1986年から1994年まで日本代表。2001年から2006年まで男子代表監督。2012年に再び男子代表監督となり、2015年オリンピック予選で32年ぶりのオリンピック出場権獲得、2021年東京オリンピックまで務めた。
現在はクラブチームKingfisher74代表。

## 著　　者

### **塩田義法**（しおたよしのり）

男子日本代表監督
　1982年熊本県生まれ。熊本学園大付属高校から日本体育大学に進学。同大学院修士課程修了。

　2001年から2012年まで日本代表。

　世界選手権4度出場（2003,2005,2007,2011）。

　日本選手権優勝11回（全日体大9回、Kingfisher74 2回）。

　東京オリンピック日本代表コーチを務め2021年から男子日本代表監督。

　2023年アジア大会で53年ぶりの優勝を果たし、パリオリンピック出場権を獲得。

## 著　　者

### **中嶋崇光**（なかしまたかみつ）

日本体育大学男子監督
　1972年福岡県生まれ。県立福岡工業高校から日本体育大学へ進学。同大学院修士課程修了。
　1991年から1999年まで日本代表。現役引退後は中学・高校の指導者としてチームを全国大会へ導き、2013年には監督として全国高校総体で優勝。2015年から日本体育大学のコーチを経て2018年より監督に就任し多くの日本代表選手を輩出。日本代表スタッフとして東京オリンピックでのコーチや世界ジュニア・ユニバーシティーゲームズの監督を歴任。

## モデル協力

### Water Polo Club Kingfisher74 クラブチーム

日本選手権36回優勝の全日体大のチーム名を2016年に「Kingfisher74」と改め、本格的なクラブチームとしてスタート。日本代表選手など実力派が所属し、2016年、2017年には日本選手権で優勝。

プレースタイルは「スピード」と「フェアプレー」であり、水球発展のために、観客が見て楽しいと思えるゲームを追求している。日本体育大学出身の選手が中心となり、オリンピックでメダルを取ることを目標に選手を育成。2018年にはジュニアチームを発足させ子どもたちへの普及活動にも力を入れている。

スタッフ
デザインDTP　居山勝
カメラ　曽田英介
編集　ギグ

**動画付き改訂版　水球　必勝バイブル**
**実戦スキルから戦術まで**

2024年7月25日　第1版・第1刷発行

監修者　大本　洋嗣　（おおもと　ようじ）
著　者　塩田　義法　（しおた　よしのり）
　　　　中嶋　崇光　（なかしま　たかみつ）
発行者　株式会社メイツユニバーサルコンテンツ
　　　　代表者　大羽　孝志
　　　　〒102-0093東京都千代田区平河町一丁目1-8
印　刷　シナノ印刷株式会社



ご意見・ご感想はホームページから承っております。
ウェブサイト　https://www.mates-publishing.co.jp/

企画担当：堀明研斗

※本書は2019年発行の『水球　必勝バイブル　テクニックから戦術まで　実戦スキルが身につく』を元に、新しく動画コンテンツの追加、書名の変更、必要な情報の確認を行い、「改訂版」として新たに発行したものです。